共同富裕

理念、目标与推进路径

陶 志 勇 著

中国工人出版社

图书在版编目（CIP）数据

共同富裕：理念、目标与推进路径 / 陶志勇著. —北京：中国工人出版社，2022.5

ISBN 978-7-5008-7914-5

Ⅰ. ①共… Ⅱ. ①陶… Ⅲ. ①共同富裕—研究—中国 Ⅳ. ①F124.7

中国版本图书馆CIP数据核字（2022）第068943号

共同富裕：理念、目标与推进路径

出 版 人	董　宽
责任编辑	罗荣波
责任校对	张　彦
责任印制	栾征宇
出版发行	中国工人出版社
地　　址	北京市东城区鼓楼外大街45号　邮编：100120
网　　址	http://www.wp-china.com
电　　话	（010）62005043（总编室） （010）62005039（印制管理中心） （010）62382916（工会与劳动关系分社）
发行热线	（010）82029051　62383056
经　　销	各地书店
印　　刷	三河市东方印刷有限公司
开　　本	880毫米×1230毫米　1/32
印　　张	8.5
字　　数	140千字
版　　次	2022年6月第1版　2022年6月第1次印刷
定　　价	48.00元

目　录

| 绪　论 |

共同富裕：中国式现代化的重要特征

2021 年 8 月 17 日，习近平总书记在中央财经委员会第十次会议上强调指出，共同富裕是社会主义的本质要求，是中国式现代化的重要特征，要坚持以人民为中心的发展思想，在高质量发展中促进共同富裕。

（一）

人类社会的发展轨迹经过了共同贫穷—贫富分化—财富鸿沟等几个阶段，共同富裕是马克思主义思想中关于人类社会未来发展的一个终极目标，是人类社会发展到最高阶段的一个标志，也是人类数千年来孜孜以求的一个梦想。当时间的指针指向 2021 年 2 月，习近平总书记在全国脱贫攻坚总结表彰大会上庄严宣告，我国脱贫攻坚战取得了全面胜利，现行标准下 9899 万农村贫困人口全部脱贫，832 个贫困县全部摘帽，12.8 万个贫困村全部出列，区域性整体贫困得到解决，完成了消除绝对贫困的艰巨任务。自此，共同富裕接力全面小康，成为中国共产党人全面建设社会主义现代化国家新征程中的新目标。

众所周知，现代化是一个漫长的历史进程，对人类文明影响深远。随着我国全面建成小康社会，第一个百年梦圆，标志着我国已初步完成了现代化的1.0版——物质现代化。为了巩固物质现代化，迈向更高级的现代化，我们党在十九届四中全会上专题研究了推进国家治理体系和治理能力现代化，统筹布局了现代化的2.0版——制度现代化。坚持以人民为中心是中国共产党一直秉持的执政理念，物质现代化和制度现代化，最终还是为了实现现代化的3.0版——人的现代化。共同富裕是人的现代化的重要标识。正因如此，党的十九届五中全会审议通过了《中共中央关于制定国民经济和社会发展第十四个五年规划和二〇三五年远景目标的建议》，对共同富裕提出了明确要求："扎实推动共同富裕"，到2035年"人的全面发展、全体人民共同富裕取得更为明显的实质性进展"。

本书围绕共同富裕这一中国式现代化的核心内容来展开。第一章从共同富裕的思想溯源、理论溯源讲起，这是千百年来人类的梦想。中国古人秉持治国之道、富民为始的理念。中国共产党自诞生之日起，就矢志为中国人民谋幸福、为中华民族谋复兴，推进共同富裕贯穿党的百年奋斗历程。第二章主要阐述共同富裕的科学内涵和基本特征，澄清一些模糊、错误的认识。在此基础上，第三章提出了共同富裕，创富为要。财富是创造出来的，不是分出来的。古往今来，资本无疑十分重要，但在推进共同富裕的背景下，资本不能恣意妄为、狂飙突进。要投向实物资本、人力资本，推动经济高质量发展，实现高质量就业，把“蛋糕”做大，为实现共同富裕提供基本前提。第四至第六章着眼于中央提出的抓紧“构建初次分配、再分配、三次分配协调配套的基础性制度安排”，分别从初次分配、再分配、三次分配等视角，研究提出了新时代实现共同富裕的具体路径。需要说明的是，在实践中，三者是相互促进、相互协调的一个整体，为了把每一次分配的内容谈深谈透，也为了叙述方便，本书用三章分门别类进行了深入阐述。在结语部分，通过对全书内容进行全面系统的概括和深化，并对我国共同富裕的未来前景进行展望，阐明中国的共同富裕已经迈向不可逆转的历史进程，实现这一目标只是时间的问题。目前全球人口总数是 75.8 亿人，已实现现代化的发达国家和地区的人口共计约 10 亿人。根据我们党提出的第二个百年奋斗目标，到那时我国 14 亿人口将整体迈入现代化社会。中国式的现代化将彻底改写现代化的世界版图，这在人类历史上将是一件影响深远的大事。

（二）

人类的记忆是从共同贫穷开始的，渴望富有是人类的共同追求。从时间的长河回望，人类的聪明才智创造了大量的财富，但也制造了巨大的财富鸿沟。时至今日，共同富裕依然遥不可及。富裕的“前世”是贫困，贫困是人类社会的顽疾。自从“人猿相揖别”以来，物资匮乏一直是人类面临的挑战。反贫困始终是古今中外治国安邦的大事，克服物资匮乏是人类社会迄今为止的重要命题。整个人类社会的发展史，既可以看作人类从愚昧走向文明的历史，也可以看作人类不断同贫困进行斗争、由落后走向繁荣的历史。

共同贫穷是人类社会的起点。贫穷伴随人类一起走过了上百万年。随着私有制的出现，原始共产主义的共同贫穷被打破，贫富开始出现分化。这种分化，开启了人与人之间“如何活得更好”的良性竞争，成为推动整个社会不断发展的巨大引擎。财富鸿沟既是一项古老的挑战，也是一项新挑战，中外皆然。早在有文字记载的历史之前，从原始社会瓦解、私有制产生时起，贫富差别就开始出现了。“庶人之富者累巨万，而贫者食糟糠”“富者田连阡陌，贫者无立锥之地”“贫民不得有寸土，缙绅之家连田以数万计”。比孔子晚一个多世纪的柏拉图在《理想国》中谈到，古希腊城邦“定然不是一体，而是二体，一是穷人的国度，一是富人的国度，同住一片空间，却总是互相谋害对方”。历史不会重复自己，但会押着相同的韵脚。当今世界，虽然物质财富极大丰富，但贫富差距仍然巨大。从经济大萧条时期到 20 世纪 70 年代中叶，全球各国的财富不平等水平曾持续下降，特别是当国际共产主义运动蓬勃发展、社会主义阵营日益强大时，中国与苏联等社会主义国家不平等水平相当低。然而短暂的岁月静好之后，随着国际共产主义运动弱化、社会主义阵营式微，全球各国的财富不平等水平又都开始回潮，并在过去十余年上升到让人警觉的程度。托马斯·皮凯蒂研究了近两个世纪以来的相关数据后发现，资本收益总是轻松甩开劳动收益。21 世纪的今天，依然重复着 19 世纪上演过的资本收益率超过产出与收入增长率的剧情。

公平公正是照亮社会生活的阳光。历史上“均贫富”的思想和实践源远流长，古希腊的柏拉图提出了以“公平正义”为准则的“理想国”，亚里士多德设计了“理想城邦”，欧洲早期空想社会主义学说的创始人、英国大法官托马斯·莫尔设想了“乌托邦”这个无比美好的理想地，但都以失败告终。受莫尔《乌托邦》的启发和影响，1848 年，马克思、恩格斯发表了《共产党宣言》，把社会主义思想从空想变为科学。在分析、揭露、批判资本主义制度弊端的基础上，他们缜密推理并大胆创设了“生产将以所有人的富裕为目的”“所有人共同享受大家创造出来的福利”的共产主义社会。马克思、恩格斯在《神圣家族或对批判的批判所做的批判》中深刻指出，“‘思想’一旦离开‘利益’，就一定会使自己出丑”。生活中离开实实在在的物质、离开活生生的现实，去空谈所谓的“理想”“信念”，只会暴露出自身的弱点，引起别人的反感。共同富裕与共产主义的理想信念相伴而生。

马克思、恩格斯一生的所有理论体系，简言之，就是通过阶级斗争，消灭资产阶级，消灭私有制，建立一个人人平等、没有剥削、共同富裕的社会主义国家，并最终实现共产主义。共同富裕，成为马克思、恩格斯所设想的未来社会的重要特征。对于未来社会的发展前景，恩格斯引用摩尔根对文明时代的评断：自从进入文明时代以来，财富的增长是如此巨大，它的形式是如此繁多，它的用途是如此广泛，为了所有者的利益而对它进行的管理又是如此巧妙，以致这种财富对人民来说已经变成了一种无法控制的力量。人类在自己的创造物面前感到迷惘而不知所措了。然而，总有一天，人类的理智一定会强健到能够支配财富，一定会规定国家对它所保护的财产的关系，以及所有者的权利的范围。社会的利益绝对地高于个人的利益，必须使这两者处于一种公正而和谐的关系之中。只要进步仍将是未来的规律，像它对于过去那样，那么单纯追求财富就不是人类最终的命运了。自从文明时代开始以来所经过的时间，只是人类已经经历过的生存时间的一小部分，只是人类将要经历的生存时间的一小部分。社会的瓦解，即将成为以财富为唯一的最终目的的那个历程的终结，因为这一历程包含着自我消灭的因素。管理上的民主，社会中的博爱，权利的平等，普及的教育，将揭开社会的下一个更高的阶段，经验、理智和科学正在不断向这个阶段努力。这将是古代氏族的自由、平等和博爱的复活，却是在更高级形式上的复活。

共同富裕是中华民族的世代追求，在我国具有深厚的历史渊源和思想基础。农家的“并耕而食”、道家的“小国寡民”、儒家的“小康”“天下大同”的思想绵延千载、传扬天下。但在生产力水平低下、剥削阶级占统治地位的封建制度下，共同富裕如同镜花水月，只能是望尘莫及的梦想。

共同富裕贯穿中国共产党的百年奋斗历程。一代一代的中国共产党人先后提出“打土豪、分田地”“大家都有份”“先富带后富”“一个都不能掉队”的共同富裕观。党的十八大以来，习近平总书记从共产党执政规律、社会主义建设规律和人类社会发展规律的高度，指出实现共同富裕是社会主义的本质要求，“现在，已经到了扎实推动共同富裕的历史阶段”，在全面建设社会主义现代化国家新征程中，我们必须把促进全体人民共同富裕摆在更加重要的位置，脚踏实地、久久为功，向着这个目标更加积极有为地进行努力，促进人的全面发展和社会全面进步。近年来，习近平总书记围绕共同富裕作了一系列重要讲话、指示和批示，系统阐述了扎实推动共同富裕的重大意义、本质要求、目标安排、实现路径、重大举措，开辟了中国特色社会主义共同富裕理论新境界，成为习近平新时代中国特色社会主义思想的重要篇章，为扎实推动共同富裕提供了根本遵循和行动指南。习近平新时代中国特色社会主义思想及其实践，把社会主义共同富裕的理论和实践推到历史新高度。

（三）

新时代新征程，我们党提出推动实现共同富裕，是立足当下、着眼长远的一个重要战略考量，其含义十分丰富，必须全面、准确、完整地理解和把握其核心要义。我们提出的共同富裕，是全民富裕、全面富裕、差别富裕、共建富裕、逐步富裕、动态富裕。要强化这方面的理念认识，让广大群众理性认识共同富裕、憧憬共同富裕、推动共同富裕、评判共同富裕。

第一，共同富裕是全民富裕。共同富裕，顾名思义，不是少数人的富裕，是"全民共富"，是中国特色社会主义制度优越性的集中体现，是对西方现代化和福利社会的一种超越。第二，共同富裕是全面富裕。共同富裕既要"富口袋"，也要"富脑袋"，追求物质生活和精神生活双富裕。它可以避免个体对物质欲望的无止境追逐和对物质消费的过度攀比，这是对西方物质中心主义发展逻辑的超越。共同富裕的目标要求不能仅仅把目光聚焦于经济数量的增长之上，还应大力推进精神层面的共同富裕，把对发展的目的回归到人本身，以人的发展与进步为标尺。第三，共同富裕是差别富裕。共同富裕必须要体现"共同""公平""平等"等元素，但又要避免步入平均主义的歧路。平均主义是空想社会主义的特征。恩格斯指出，"决不能把'普遍的公平原则'和那种粗陋的平均主义混淆起来"。当然，差别必须在一定限度之内，否则就脱离了共同富裕的本义。从我国的历史文化和民众的社会心理分析，在区域差别上发达地区与欠发达地区的人均 GDP 倍数控制在 2 倍以内比较合理，在城乡差别上城镇居民与农村居民的人均可支配收入也应当控制在 2 倍左右为宜，全社会基尼系数控制在 0.3 左右比较合理。第四，共同富裕是共建富裕。共同富裕要求全体人民齐参与、共奋斗，鼓励勤劳创新致富，靠勤劳实干兴邦，靠勤劳创造更多的物质财富，不是靠政府大包大揽、个人“躺平”，更不能通过“削平”先富群体的财富来实现共同富裕。第五，共同富裕是逐步富裕。实现共同富裕是一个相当长的历史过程，其目标要在现实的历史发展过程中得以实现和扩展。从共富观念的确立，到社会经济制度的完善、基础条件的改善，再到致富能力的提升、实际财富的拥有，均不可能一蹴而就。第六，共同富裕是动态富裕。由于对于贫穷和富裕的感受永远是相对的，共同富裕只能是个进行时态，永远在路上。实现共同富裕是个动态过程，共同富裕没有也不应有一个固定不变的标准。

共同富裕是社会主义的本质体现。贫穷不是社会主义，富裕也不一定是社会主义，共同富裕才是社会主义。首先，共同富裕以人民为中心，这与我们党的执政理念高度契合。其次，共同富裕以发达的社会生产力为条件。社会主义的生产力理应比资本主义更高一些。因为社会主义能够克服资本主义社会所面临的社会化大生产与生产资料的私人占有之间的矛盾；在处理政府和市场的关系这一核心问题上与资本主义片面强调市场的作用不同，坚持市场在资源配置中起决定性作用、更好发挥政府作用；社会主义还有一个显著的制度优势，就是能够集中力量办大事。再次，共同富裕以公有制和按劳分配为基础，这是资本主义制度难以实现共同富裕的根本原因。最后，共同富裕以效率和公平有机统一为保证。共同富裕是公平正义理念在现代社会生活和公共秩序中的集中体现，是社会主义的标志之一。没有效率与公平的有机统一，就没有共同富裕的实现。讲效率不单纯重数量，而要重质量、重实效；讲公平不求绝对平均，而要求合理、求可持续。牺牲效率求公平是短视的，将会陷入共同贫穷；牺牲公平求效率是危险的，将会走向贫富两极分化，两者都与共同富裕南辕北辙。

（四）

从短期看，共同富裕似乎是一个收入分配问题；从中长期看，则是一个发展问题。不发展生产力，共同富裕就是画饼。财富不是分出来的，而是要靠创造。

共同富裕是一个理想的全体人民共同享有高度的物质财富

和精神财富的终极社会形态。全体社会成员能够拥有高度的物质精神财富的前提，必然是可以创造出高度发达的财富水平，然后才会涉及分配。因此，共同富裕不光是分配的事情，也必然包含生产的问题。共同富裕和高质量发展互为前提和保证。

财富必须靠创造，“不干，半点马克思主义也没有”。不想通过做加法，而只想通过做除法来实现平均富裕，只能是一场灾难。发展生产力是反贫困的根本手段，发展是实现共同富裕的物质基础，丝毫不能放松。本书特别提出了两个重要的问题，以期引起大家的重视和思考。一是发展并不总是自然发生。我国经济长达 40 多年的高速发展，让人们产生了一种世界总会快速改变的错觉。其实，经济增长在今天被当作常态，但 250 多年前经济不增长却是常态。人类的历史有两三百万年，但人类经济增长的历史只有 250 多年。鉴于此，本书提出要坚持“富裕”和“共同”双向发力，在实现共同富裕的路上，必须共同奋斗，每个人都要成为一粒种子，凭借勤劳的双手致富，用奋斗的汗水浇灌出幸福生活之花。二是发展有陷阱。经过一段时间的经济高速增长，其边际效益必然递减，发展的难度越来越大，加之资本越来越强势、发达地区越来越强势，稍有不慎，极易陷入两极分化、集团垄断资源、市场萎缩、产业升级乏力、增长停滞不前的中等收入陷阱，导致不仅没有实现“共同富裕”，而且出现“共同贫穷”。这些问题构成了我们当下实现共同富裕的初始条件，必须认真加以对待。

高质量发展是我们跨越中等收入陷阱的不二之选，要在高质量发展中弥合区域差别、城乡差别、贫富差别这三大差别。实现高质量发展，投资的方向一定要选准。一是要投向实物资本。特别是中国作为一个制造业大国，要加大制造业等实业投入力度，尤其要重点发展附加值高但技术更新迭代相对缓慢的制造业和服务业。近年来，我国经济“脱实向虚”的现象需要引起我们的警惕。二是要投向人力资本。畅通农民、产业工人等更多群体向中间层流动的路径，让奋斗的人充满希望，给更多人创造奋斗的动力和致富的机会。

强势是资本的特征，逐利是资本的天性。在“投资饥渴症”的驱使下，资本在我国一度狂飙突进。中央明确提出要为资本设置“红绿灯”，防止资本野蛮生长。近年来，国家频频出手，在规范约束资本方面成功打出了一连串的政策组合拳，对资本的过度扩张说不。互联网野蛮造富到了历史拐点。当下虽然从总体上看仍然是强资本弱劳动的格局，但劳动和资本的力量对比或者稀缺度正在发生一些变化，资本的发展可能会受到更多约束。无论是劳动的话语权提升，还是高昂的社会发展成本，使得适当抑制资本成为中国的时代之选。法国经济学家托马斯·皮凯蒂研究发现，资本与劳动的力量比较，从长期看资本更强，贫富分化的根本原因在于资本收益率在较长时间内高于经济增长率。正如瑞典学者米尔达尔的因果循环累积原理所指出的，“穷就是穷的原因，富就是富的原因”。当前，互联网野蛮造富的时代已步入尾声。中国的劳动者将可以依靠劳动获取更高的回报，正本清源，“让社会围绕劳动这个太阳旋转”。

本书提出要矫正先富群体的“财富观”。为什么中国能在短短三四十年创造出足以比肩美国等发达国家一两百年积累的巨大财富？中国企业家的创新能力和组织能力是不是远大于他们一直引以为榜样的美国同行？中国的先富群体所拥有的财富，真的是只依靠自身的智慧和拼搏精神创造出来的吗？答案显然没有这么简单。企业家并不是企业成功的唯一因素，一家成功的企业必须依托于伟大的时代背景。每一个时代的企业家，都有着自己的时代注脚。正如习近平总书记所讲，“任何企业存在于社会之中，都是社会的企业”。把市场经济放在一个更宏大的政治和历史的框架下，我们就会发现，很多外部性问题无法用市场来解决。在当代中国产生的任何财富都离不开一百年来中国各个历史时期不断积累、承前启后的正外部性，这正是中国不断发展、走向复兴、繁荣富强的基石。“时来天地皆同力，运去英雄不自由。”在迅猛变化的时代大潮面前，人们应当保持应有的谦卑。任何人、任何企业都不能贪天功为己有。在中华人民共和国成立后的几十年中，无论是政府官员、知识分子还是广大工人、农民，每一个人所得到的回报都无法以市场定价，他们创造的价值完全贡献给了我们的全民共同体。前人栽树、后人乘凉。正因如此，共同富裕是实行社会主义制度的人民共和国的共同契约。在先富带后富上，先富群体有着不可推卸的道义责任、历史责任、社会责任。

本书强调，高质量就业是扎实推进共同富裕的重要基础。

首先，要扩大就业总量，促进充分就业。市场经济中大部分人的大部分收入来自工资，没有就业就没有收入。就业是民生之本，也是共同富裕之基。随着后工业化、老龄化、全球化“三化”的加速到来，促进充分就业的重要性和紧迫性更加凸显。后工业化意味着福利国家立国的工业化基础发生了变化，第三产业的发展使得对于劳动力的技术水平和灵活性的要求也在提高，造成了劳动力市场的彻底分化和隔离，产生了就业极化的问题；老龄化意味着原有下一代供养上一代的“代际契约”

被打破，传统的社会保障政策面临重大挑战，养老保险、医疗保险基金等面临支付危机，共同富裕将失去坚强屏障；全球化意味着资本主义市场经济的范围完全突破了民族国家的界限，原有的针对一国之内的社会保障、社会福利等政策面临失效。“三化”的“叠加”效应日益显现。未来一个时期，我国需要在城镇就业的高校毕业生等新成长劳动力，预计每年将超过千万人。同时在工业化、城镇化进程中，仍然会有数以亿计的农村剩余劳动力需要转移就业，就业的总量压力较大。充分就业是政策首选，经济发展必须以促进充分就业为导向。

其次，要强化技能提升，优化就业结构，解决“就业难”和“招工难”并存的结构性矛盾。多劳者多得，技高者多得，这是最基本、最朴素的辩证法，也是必须遵循的最现实、最合理的社会法则。习近平总书记深刻指出：“要坚持在发展中保障和改善民生，把推动高质量发展放在首位，为人民提高受教育程度、增强发展能力创造更加普惠公平的条件，提升全社会人力资本和专业技能，提高就业创业能力，增强致富本领。”在政策导向上，要把技术技能人才培养放在更加突出的位置，大规模多层次开展职业技能培训，着力改善劳动力质量。

最后，要稳定就业岗位，提升就业质量。没有权益的保障，就没有就业岗位的稳定。岗位不稳定的重点人群是新就业形态劳动者、农民工，两者有较高的重合度，他们有一个共同的特点，那就是权益保障不充分、不到位。稳定这些人的就业岗位，提高就业质量，亟须尽快推动劳动基准立法，补齐劳动领域骨干性法律。

（五）

坚持分配正义，是实现共同富裕、促进社会和谐的首要问题。迈克尔·沃尔泽说，“分配是所有社会冲突的关键”，其一语道破了分配正义的核心价值。古希腊哲学家亚里士多德在《尼各马可伦理学》中最早提出了分配正义的概念。分配正义近乎公理，一直为人们所推崇和认可，是千百年来中西方不同国度、不同民族一直追求的价值理想，即使在当代，分配正义仍然是政治伦理的核心话题和极其重要的社会命题。但它同时又是最难以落实落地的一个法则。实现分配正义既需要充足的社会根基，批判平均主义等虚幻的平等乌托邦，又需要根除中国传统等级分配制的弊端，反对任何形式的分配不平等的诸多变种。前面关于共同富裕的科学内涵已经清晰地阐明了这个问题。

很多专家学者一谈到分配正义就想到政府主导的再分配。

事实上，初次分配是国民分配的基础，初次分配不公平，再分配或三次分配很难扭转过来或者社会代价高昂，分配正义应从源头即初次分配抓起。分配正义里面的一个关键点，就是如何确保分配起点上的机会公平、如何实现分配过程中的程序正义？这些都关乎初次分配领域的分配正义。我国在这两个方面都还存在一些不足。客观上讲，按劳分配的“劳”如何准确确定是一大难题。在每一劳动过程中准确测量劳动者劳动的质和量是相当困难的，同时在生产中哪些劳动转化为商品的价值，在现实中也很难测量。按生产要素分配是按照市场原则来进行的，各生产要素的贡献更容易测量也更容易变现。因此，作为中国最主要分配方式的按劳分配面临被弱化的趋势。现实中并存的“多种分配方式”成了主角，本来应该成为主体的“按劳分配”反而处于配角地位。最终的分配结果是，资本、技术、管理等因素在分配中所占的比例远高于劳动所得。

按劳分配被弱化、被边缘化的这种趋势，是造成当下分配正义困境的重要原因。这也是初次分配之难。从特征分析上看，初次分配的一个突出特点是注重效率，按贡献进行分配。需要指出的是，初次分配也要讲公平。一般来说，衡量一国国民收入初次分配是否公平的主要指标是分配率，即劳动报酬总额占国内生产总值的比重，比重越高说明国民收入的初次分配越公平。中央强调对初次分配也要体现公平，意味着人们不仅能从再分配中得到好处，在初次分配中也能保证自己的权利。

对于初次分配，我国普遍存在一些认识误区。一是主张经济自由主义思想，反对政府干预分配。一些人认为，初次分配是纯粹的市场行为，由其无形之手自动调节即可，政府不用干预。亚当·斯密讲，“请给我以我所要的东西吧，同时你也可以获得你所要的东西”，“私利在看不见的手指导下汇聚成公益的思想”。但现实情况是，以此为指导思想的西方国家普遍出现了贫富两极分化、社会撕裂，进而出现政治极化的问题。不仅出现了严重的经济问题，也导致重大的政治事件发生，社会动荡不安。事实上，即使是市场经济发达的国家，由于市场本身固有的能力边界，市场自身并不能保证公平分配，市场经济自发运行的结果是优胜劣汰，完全由市场机制调节不可避免地造成贫富分化，弱势群体会失去生活的保障，与共同富裕背道而驰。二是实施赶超型经济发展战略，片面追求效率、罔顾公平。后发国家在追求经济发展速度的过程中，市场化的效率优先原则必然成为社会主流价值。长期以来，我国一直处于追赶西方发达国家的状态，长期人为压低经济发展的成本，包括劳动力、原材料等价格，付出了高昂的代价。中国用 40 多年的时间走完了西方两三百年走完的道路，但遇到的问题也扎堆出现，形成了一个“问题群”。我们要用 40 多年的时间解决西方发达国家两三百年遇到的问题，完全靠市场显然无法完成。三是囿于长期资本短缺，衍生了户籍、土地财政、社会保险、税收、招商引资等一系列“资本友好型”制度。我们发挥劳动力成本低的比较优势，吸引大量外资，极大地促进了经济发展，有其历史合理性。但经过 40 多年的高速发展，我国经济发展水平到了一个新阶段，应坚决摒弃低劳动力成本竞争理论，否则财富永远无法分配到普通劳动者手中，其结果必然是两极分化。这种思想还表现在，将企业自主决定工资错误地理解为完全由资方或企业法人单方面自行决定工资。这些错误认识必须有效加以纠正。

初次分配在现实中存在很多痛点。一是政府宏观调控乏力。其中既有政府调控职责不到位、调控手段欠缺、调控力度不够的问题，也有调控方式不当、包揽过多、调控措施不配套的问题，难以满足市场经济发展的客观要求，难以校正企业工资分配过程中的偏差。最突出的一个问题是法律不健全，立法层次偏低。有关工资支付保障、集体协商、劳动定额管理等方面法律法规缺失。二是机制欠缺。缺乏正常合理的收入增长和调整机制，部分企业职工工资收入偏低且增长缓慢。三是分配秩序较乱。企业工资确定的随意性较大，职工在企业工资决定中缺少发言权；部分企业的工资结构不合理；最低工资作用异化，实践中大量企业歪曲最低工资标准的本意，将其作为企业职工一般工资标准甚至将其作为压低职工工资的手段，造成“最低工资最高化”；工资支付失范，部分用人单位侵害劳动者薪酬权益，拖欠职工工资的问题没有从根本上得到解决。四是工资收入差距过大。区域差距、城乡差距、行业差距、劳动关系类型不同导致的差距等是我国收入差距的主要表现形式，而这些差距都与要素市场不健全、不完善有关。五是财富鸿沟。2019年我国长年累积的财富基尼系数为 0.702，虽然远低于美国的 0.852，但明显高于日本的 0.626。巨大的贫富差距会带来社会不公，效率降低，并引发越来越多的社会问题。六是结构失调。从宏观分配上看，与市场经济成熟国家相比，中国的初次分配存在着资本所有者所得畸高、财政收入大幅增长、劳动所得持续下降的局面，国民收入中劳动报酬的比重长期偏低。不断扩大的收入和财富差距对中国未来发展构成了潜在威胁。

早在 1993 年，邓小平就提醒全党要注意分配问题的重要性：“少部分人获得那么多财富，大多数人没有，这样发展下去总有一天会出问题。分配不公，会导致两极分化，到一定时候问题就会出现。这个问题要解决。过去我们讲先发展起来。现在看，发展起来以后的问题不比不发展时少。”现在看来，这段话具有极强的历史穿透力，读来让人警醒。初次分配领域的问题由来已久，涉及全体国民的根本利益，解决起来绝非易事，需政府、企业、工会、用人单位协同发力，法律、政策、管理、监察多管齐下，在深化改革、促进发展中积极稳妥地加以解决。

第一，突出劳动要素和数据要素在初次分配中的作用。从理论分析看，初次分配是国民分配中的基石，按劳分配是初次分配中的主体。在人类的分配关系史上，按劳分配理论第一次声张了工人阶级的权利，按照有利于劳动者利益的原则进行个人收入分配，具有划时代的意义。只有从法律、政策、体制、机制、工作等方面，切实保障劳动要素真正以主体地位进入分配领域并左右分配格局时，以按劳分配为主体、多种分配方式并存的分配制度才能有效实施。从实践推进看，政府要推进要素市场改革，健全生产要素由市场评价贡献、按贡献决定报酬的机制。突出劳动要素的作用，政府要减点税，企业要让点利，最终都加到劳动者身上去，着重保护劳动所得，增加劳动者特别是一线劳动者劳动报酬。从新一轮科技革命和产业变革看，劳动力、土地等传统生产要素的地位将相对下降，而技术、数据等新生产要素的重要性将大幅提升，要高度重视和提升数据等要素在初次分配中的地位。

第二，强化政府对初次分配的宏观指导和调控。进一步改进和完善我国政府宏观调控企业工资分配的体制机制框架及内容，理顺市场决定与政府调控之间的相互关系，明确政府调控企业工资分配的功能和作用，探索增强政府调控合理性、及时性、有效性的途径与方法，从而使企业工资分配在市场机制和政府调控的共同作用下，更好地实现公平公正的目标。重点是要建立薪酬及人工成本信息指导和服务体系，这是市场经济国家普遍采用的有效的间接干预政策；进一步加强国有企业薪酬管控，对于纯国有企业均与公务员或私营企业相类似职位薪酬对接，或低于私营企业的薪酬水平而确定，完善对垄断行业工资总额和工资水平的双重调控政策；进一步加快市场化改革，在完善土地市场、资本市场、劳动力市场方面下更大的力气。破解一些部门不愿意放弃自身的垄断利益，利用部门的影响力延迟市场化改革进程，或只是选择更加有利于部门利益的“改革方式”、极力抵制不利于部门利益的改革方式的沉疴痼疾；探索与其他收入分配手段相结合，除了以最低工资政策、集体谈判为主流的工资政策选择，还应与税收调控、就业政策、社会福利政策结合起来，起到互补、协同的收入分配调控作用，同时整顿好收入分配秩序，清理、规范不合理收入，坚决取缔非法收入，坚决遏制权钱交易，坚决打击内幕交易、操纵股市、财务造假、偷税漏税等获取非法收入的行为。

第三，完善企业与职工共同决定工资的机制。马克思认为，劳动是生产的真正灵魂。财富是企业和劳动者共同创造的，分配理应由各经济主体之间协商共决。应促进劳动者、资本方等各类要素所有者共享企业发展成果，打破资本所有者对企业剩余索取权的垄断。加快构筑工资集体协商机制，结合企业法人治理结构改革，形成由劳资双方而不是企业行政单方面决定工资的机制，规范微观分配秩序。深入推进符合中国特色的集体协商工作，有关劳资协商中的主体代表、程序、争议调解或仲裁等方面的工作需要进一步加强，有关谈判技巧和相关宏观、微观信息数据应及时提供给公众，突出抓好行业集体协商，加强专业人才队伍建设并探索建立集体协商工作评价制度。不断完善职工工资水平决定机制、正常增长机制、支付保障机制，促进劳动者工资随个人技能和贡献、经济增长和物价水平同步增长，让劳动者的腰包鼓起来。

第四，加强工资分配立法和执法监察力度。通过立法建立保障职工正常获取合法劳动收入并能够维持其生活的一系列制度，亟须建立包括《工资法》《基本劳动标准法》在内的一系列法律，从法律上明确工资确定、工资支付、工资使用、实际工资、扣除工资、工资债权优先的保障等相关工资保障的内容。从国家层面颁布《工资集体协商条例》《最低工资条例》，明确现行有关工资分配法规政策未涉及或未明确的问题，提高立法层次，使各地和企业有法可依。加强劳动定额的管理，充分发挥行业协会、工会和相关专业技术组织的作用，提出科学划分和测定劳动时间的原则和方法，分行业分工种研究制定劳动定额标准，提高劳动定额的技术经济合理性。同时，加强劳动保障监察，政府主管部门要通过日常巡视检查、专项大检查、投诉举报专查和劳动用工年检等方式，进一步加强对企业工资分配和劳动工资标准执行情况的专项监察。明确政府、工会、职工个人等在企业工资分配监督管理方面的权利和义务，从各自不同角度加强监督检查，促使企业依法分配。

（六）

在现代国家的成长中，再分配政策承担着卡尔·波兰尼所说的保护社会免受纯粹市场原则冲击的功能。再分配能力已经成为衡量现代国家成熟与否的重要标志，这一点对于转型社会而言尤其重要。2021 年 12 月，中央经济工作会议明确提出，要发挥分配的功能和作用，加大税收、社保、转移支付等的调节力度。再分配在助推共同富裕方面的作用进一步凸显。

与初次分配的性质特点相比，再分配的主导力量、运作机制、目标取向等有诸多不同。从推动共同富裕的视角看，再分配的第一个特点是政府主导。纵观历史，任何强国发展到一定阶段，必定会搞内部再平衡，改善再分配，以此来降低贫富分化。不管是我国明朝的一条鞭法、大清朝的摊丁入亩，还是美国的罗斯福新政，本质上都是一个道理。市场本身从来没有也不能产生所谓的“涓滴效应”，必须发挥政府之手的作用。奥肯指出，不能让市场裁决人的生存与死亡。单纯的市场机制，容易导致两极分化。失业、灾难、养老等一些关系到大多数人切身利益的风险，个人或家庭无法承担，必须由政府强制全社会来承担。再分配的第二个特点是突出公平，公平是再分配的标签。效率与公平是矛盾统一体，初次分配坚持效率优先，适当拉开收入差距，倡导对社会贡献越大收入越高，这本身也体现了公平；再分配注重公平，照顾到大多数人的利益，有利于普遍调动劳动者的积极性，这时公平也是一种效率。除了公平的目标，再分配也通过提供教育、健康等基本公共服务来创造机会平等的环境。再分配的真正意义在于去商品化，一个彻底商品化的社会是反人性的社会，高扬公平公正大旗的再分配说到底是人性的体现。再分配的第三个特点是政策效应显著。再分配对调节收入差距具有显著效应，应当成为当前扎实推进共同富裕的重要抓手。税收是国家实施宏观调控的重要经济杠杆之一，可以有效调节国民收入再分配；转移支付是进行收入再分配的一种重要方式，对于我们这样一个地区差异较大的国家来说意义重大；社会保障是对财富进行再分配的根本性的制度安排，可以对社会财富分配格局产生直接且重大的影响，可以使初次分配及历史积淀的收入差距得到实质性缩小。社会保障同时也是化解国民社会风险的有效制度安排，没有社会保障，不要说共同富裕，我们每一个人都将生活在不确定的风险之中。当然，对税收、社会保障等也不能寄予不切实际的预期，必须规模适度、待遇适当，与经济社会发展水平相适应，过高过低都不可取。

我国高度重视税收、转移支付和社会保障制度体系的建设。马克思指出，“赋税是政府机器的经济基础，而不是其他任何东西”“国家存在的经济体现就是捐税”。近年来，我国财政转移支付快速发展，中央对地方的转移支付数额已有相当规模，转移支付形式日趋多样化，有效弥合了地区发展的不平衡。我国社会保障思想与实践具有鲜明的本土性特征。中国自古以来就有保障民生、免除祸乱的丰富社会保障实践，包括荒政、济贫、居养、优抚，以及家族与邻里照顾、民间慈善等。中国共产党是一个马克思主义政党，坚持以人民为中心是其立党的思想根基。党自成立之日起就始终关注劳苦大众，关注民生改善和社会保障。在中国共产党百年奋斗历程中，社会保障的政策主张与探索实践一直是一项重要内容，也构成了现代化国家建设的有机组成部分，社会保障在党和国家事业发展全局中的地位不断强化，逐步发展成为一项重要的社会经济制度。党的十八大以来，党中央把社会保障体系建设摆在更加突出的位置，对我国社会保障体系建设作出顶层设计，推动我国社会保障体系建设进入快车道。目前，我国以社会保险为主体，包括社会救助、社会福利、社会优抚等制度的社会保障体系基本建成，形成了世界上规模最大的社会保障体系。2016 年 11 月 17 日，在国际社会保障协会（ISSA）于巴拿马召开的第 32 届全球大会上，中华人民共和国政府被授予“社会保障杰出成就奖”，这是对中国凭借强有力的政治承诺和诸多重大的管理创新，在社会保障方面取得的举世无双成就的高度认可。

我国的再分配成就显著，但问题和短板也比较突出。一些问题由来已久，解决起来也非一朝一夕之事。这些问题久拖不决，共同富裕的目标将无法实现。

从税收方面看，我国宏观税负总体偏高，比大多数新兴市场国家还要高。税收的再分配力度过小，我国税收制度的漏调、错调、偏调现象突出。作为调节收入分配差距的主要税种，个人所得税、车船税、房产税、土地增值税等的比重过小，而同样具有收入分配调节作用的社会保障税、财产税、赠与税和证券交易税等制度设计不足。税收在调节贫富差距扩大方面乏力，收入分配效应较弱。大多数经合组织（OECD）国家在初次分配阶段的收入差距与中国相差不大，但是经过再分配以后，收入差距都出现了较大幅度的缩小，基尼系数平均降幅为30%左右。但是，这在中国表现得并不特别明显。我国对高收入者无法有效征税，一些高收入人口并不采取应税收入的方式取得收入，很多私营企业主在企业不领工资。由于政府难以对一些高收入的来源及数量掌握全面的信息，使得大量的高收入者的收入游离于个人所得税之外，工薪阶层反而成了个人所得税的纳税主体，我国税收制度面临全面重构。

从社会保障方面看，一是社会保障支出占比总体偏低。政府的经济事务支出和一般公共服务支出占比过高，一定程度上挤占了民生支出。目前，我国社保支出在总体规模偏低的情况下，城乡居民之间的社保待遇差距仍然较大。社保支出的低规模和过于集中的事实，严重妨碍了当前我国政府收入再分配政策效应的发挥。二是养老保障面临严峻挑战。第一层次基本养老保险“独力难支”，目前大多数中国人的养老保障主要靠政府，企业（职业）年金、个人养老保险都存在一些较为突出的问题，大大增加了未来养老保障的不确定性。三是深化医疗保障制度改革任务艰巨。利益格局深刻调整可能导致社会风险加剧，人口老龄化导致的医疗保障财务风险会加大，人户分离现象常态化对医疗保障制度改革提出新要求，医保、医药、医院“三医”之间良性互动与共同发展需要医疗保障发挥更大、更好的作用。四是社会保障覆盖面还不够，保障水平地区差异大，制度碎片化问题突出。一些职工特别是新就业形态劳动者仍游离于现行社会保障制度之外，群体间的基本保障待遇差距降低了社保体系整体的收入再分配效应，影响着全社会共同富裕的进程。五是社会保险统筹层次过低。养老保险是省级统筹，医疗保险和其他保险仅停留在市级统筹。在统筹层次较低的情况下，各统筹地区之间社会保险待遇差别显著还会引起尖锐矛盾和相互攀比，进一步加剧不同地区、不同群体之间利益不平衡，差序福利权与负福利问题突出。在收入分配体系中，作为再分配的社会保障制度理应对改善城乡之间的收入分配状况作出积极的贡献。但现实是，城镇的社会保障整体水平明显高于农村，这种"逆向调节"进一步拉大了城乡居民的收入差距。

在我国现代化进程全面提速，扎实推动共同富裕已经成为国家既定目标和新时代的核心议题的大背景下，应当创新思路，系统性重构税收制度，增强税收、转移支付等的调节力度和精准性。推动社会保障向纵深推进，确保社会保障安全网没有漏洞。

第一，改革和完善财政税收制度。建立调节存量财富的税收机制。共享性是共同富裕的底色。应着眼于整个税制体系的建设，从消费支出、收入流量、收入存量等方面调节高收入阶层的收入，平抑财产性收入和占有差距。进一步降低个人所得税，逐步降低间接税的比重，提高直接税的比重，研究开征遗产税、赠与税等资本税与财产税政策，防止财产性收入差距过大，切实加强对高收入阶层的税收调控，进一步稳定小微企业所得税优惠政策。

第二，创新养老保障制度设计以覆盖全体国民。积极应对人口老龄化，抓紧构建多支柱养老金制度体系。调整养老保险制度的基本架构，以一般税收为资金来源，建立一个“零支柱”的、普惠式的国民基础年金（最低养老金制度），确保全体国民享有最基本的养老保障，为贫困群体走向富裕打下基础；与本人收入水平挂钩的缴费型“一支柱”养老保险制度保持不变，但个人账户取消，只保留社会统筹账户，实现全国统筹；原有的个人账户可以转化为“二支柱”的企业（职业）年金；鼓励建立个人储蓄性养老保险（商业保险）——“三支柱”；通过税收优惠，鼓励个人缴费、农村集体经济和其他用人单位补助，以个人账户的模式建立各种补充性的或者互助合作式的养老保险制度——“四支柱”，提高养老保障水平，达到70%左右的养老金替代率。

第三，全面建成高质量、可持续的中国特色医疗保障制度。优化现行基本医疗保险制度，全面取消医保个人账户，扩大医保基金调剂能力；制定推进主体各方均衡承担筹资责任的行动方案；着力推进基本医保待遇平等，减少城乡基本医保待遇差距；尽快研究稳步推进居民医保覆盖常住人口的政策，全面建立省级医保基金调剂制度，尽快实现省级统筹；加快推进以商业健康保险为主攻方向的多层次医疗保障体系建设，国家可采取财税优惠政策，根据大数法则分散风险的原理，利用参保人数多的优势，鼓励商业保险公司适当降低保费费率，减轻参保人负担；加快推进医保经办服务机制改革步伐和医疗保障法治化进程，争取在“十四五”期间制定出台综合性的《医疗保障法》；加快建成全国统一的医保信息平台，为推进医疗保障公共服务在全国范围内均等可及提供优良的技术支撑。

第四，整合和优化社会保障的结构、制度、体系。坚持国家层面的、全国统一的社会保障基本制度框架，统筹协调社会保险、社会救助、社会福利、优抚安置、慈善事业的发展，逐步提高保障水平，既不应过分超前，也不能明显滞后。系统检视基本社会保险设置及其运行情况，明确各项目的职责定位、保障范围、待遇水平、筹资机制，推进制度完善定型。

第五，健全转移支付和公共服务制度。优化财政支出结构，加大财政资金用于促进就业、社会保障、教育、公共医疗卫生、保障性住房等民生领域的投入力度，提高民生支出比重；加大对农村、中西部地区特别是革命老区、民族地区、边疆地区和相对贫困地区的转移支付力度，实现合理和公平的国民收入再分配；改革和完善转移支付制度，促进基本公共服务均等化。财政资源的支出，应该减少经济建设支出，减少生产性补贴，更多地用于保障和改善民生、增进居民社会福利，推进基本公共服务的均等化。全面加快各项福利事业的发展步伐，统筹规划面向老人、儿童、妇女及残疾人的公共服务，逐步取消户籍关联度，使非户籍常住人口能够享受居住地的社会福利服务，让城乡居民真正实现全面普享。

（七）

三次分配先天蕴含了助力共同富裕的使命和价值追求。当前，我国三次分配已上升到国家战略体系层面，并进入实践操作阶段。

三次分配不是新理论。这一理论最早是由北京大学光华管理学院厉以宁教授在 20 世纪 90 年代提出的。2019 年 10 月，党的十九届四中全会提出要“重视发挥三次分配作用，发展慈善等社会公益事业”，这是党中央首次明确将三次分配作为收入分配制度体系的重要组成部分，确立了慈善等公益事业在我国经济社会发展中的重要地位。当社会总体财富积累到一定水平后，慈善等公益事业的发展空间被打开，其与初次分配、再分配互相补充，是对促进社会公平和缩小贫富差距的必要支撑。

社会组织和社会力量是三次分配的中坚力量，慈善是以捐赠财产或者提供服务等方式自愿开展的公益活动，是三次分配的主要形式。在我国几千年的历史中，相当多的时期都处于动荡阶段，市场失灵，政府瘫痪，但社会之所以得以延续下来，靠的就是道德的力量。有了市场调节和政府调节后，道德调节也应发挥作用。亚当·斯密在1759年出版的《道德情操论》中说，“同情心”和“功劳感”是人类与生俱来的情感特性。正因为人类有这种特性，社会上才有人肯为慈善公益事业慷慨解囊。三次分配对于促进共同富裕是一种很好的途径，也是人类发展的文明方向。

三次分配在整个国民分配制度体系中起补充作用——初次分配是最基础的分配制度，再分配是重要的社会财富调节手段。在社会发展的不同阶段，三次分配的占比会有所变化，但其“补充性”的属性不会改变。区别于初次分配是基于市场机制的利益分配、再分配是基于行政机制的强制性调节，三次分配是基于社会机制的爱心驱动，国家是鼓励而不是强制。三次分配的主体是社会力量，包括企业、社会组织和个人等；客体不仅包括社会力量捐赠的财产，也包括社会力量所提供的志愿服务，通过奉献时间、技能或专业知识，为弱势群体提供所需要的服务，提升弱势群体物质与精神层面的获得感、幸福感。三次分配是建立在互助友爱的道德基础之上的财富分配方式，有利于重塑社会的道德体系和社会习俗。

对于三次分配的认识，也存在很多误区。有的人认为三次分配是“劫富济贫”，这一观点一度在中国比较流行，一定程度上造成了社会恐慌。有的人期望通过三次分配迅速实现共同富裕，这是放大了三次分配的作用。实现共同富裕目标，在市场之手不到位、政府之手缺位的情况下，指望道德之手显然靠不住。还有的人认为三次分配是富人的事，与普通大众无关。从很多国家和地区的情况看，公益捐赠者和公益活动参加者不局限于高收入群体。事实上，普通中等收入群体中参与公益活动的人数远远大于高收入群体。大家往往强调先富帮后富，其实三次分配强调的应该是有能力的人去帮助有需要的人，无论贫富都有行善的资格与条件。发挥三次分配的作用不能只盯着捐款捐物，还应当促进志愿性的社会服务及各种类型的互助友爱活动。

三次分配具有财富分配、激励推动、精准匹配、社会融合、文化传承等多重功能。特别是面对突发性、特殊性、个性化的救助需求时，政府的再分配制度未必能够及时响应，而捐助者、基金会等群体可以立即行动，帮助求助者渡过难关。三次分配相比再分配更加微观、更加灵活、更加精准、更具针对性。由于三次分配是人们自觉自愿的一种捐赠，因此它的影响是广泛的，所发挥作用的领域是市场调节和政府调节无法比拟的。

三次分配对共同富裕的促进作用具有三重效应：一是直接效应。通过款物及劳务捐献，直接弥补初次分配与再分配的不足，形成先富帮后富、有能力者帮有需求者的良好分配格局。二是增强效应。通过三次分配支持慈善组织发展，促使社会福利政策等再分配工具得到更好的落实。三是扩散效应。三次分配及其支撑的慈善事业，能够弘扬互助友爱的社会主义核心价值观和乐善好施的中华传统美德，促进社会团结与社会和谐，进而营造扎实推动共同富裕的有利社会氛围。

尽管慈善事业在我国有悠久的历史，但由于现代慈善理念缺乏，法规政策体系不完善，依法监管不配套，我国公益慈善事业很不发达，社会公众参与的广度和深度都还很不够。我国三次分配的规模非常有限，慈善组织数量少、规模小。同时，我国鼓励三次分配的税收制度也很不完善。世界上几乎所有发达国家都有遗产税征税历史，迄今为止，世界上已经有 100 多个国家开征遗产税，但我国尚未开征遗产税和赠与税，同时也缺乏鼓励三次分配的社会荣誉制度方面的政策。

我国三次分配发展滞后，不是社会经济不发达，也不是民众缺乏爱心善意，而是国家缺乏完备的政策支持，更缺乏科学的慈善理念指导。以现代慈善事业为代表的三次分配的发展，既要学习借鉴西方发达市场经济国家的经验，抓住“公益、自愿、平等、法治、透明”五个关键词，把握现代慈善事业的一般规律，同时也要立足中国的文化传统和具体国情，释放我国三次分配的活力，以三次分配大发展助推共同富裕。不能以国情特殊为由扭曲规律，也不能以规律为由超越国情。第一，坚持立法先行，推动三次分配健康发展。为适应三次分配和共同富裕的需要，要进一步修改完善《中华人民共和国红十字会法》《中华人民共和国公益事业捐赠法》《中华人民共和国慈善法》等与社会公益事业相关的法律。第二，健全三次分配的激励和保障两大体系。激励体系包括税收体系特别是财产税、遗产税和捐赠税收减免政策，以及社会道德舆论。保障体系包括有效的信托法律制度，在金融、土地、慈善信托等方面出台更加具体的优惠政策。第三，坚持监管规范和促进发展两手并重。社会道德和社会信任是三次分配的根基，信息公开、规范运作、监督管理是三次分配健康繁荣的关键。充分发挥政府在慈善事业发展中的倡导、管理、规范、监督职责，进一步完善监管制度。在促进三次分配发展中，注重宣传引导先富阶层明辨是非、区分善恶，绝不能唯利是图、为富不仁，绝不能听任财富鸿沟不断扩大，绝不能淡忘先富带后富、实现共同富裕的社会责任。第四，倡导人人公益。大力培育中华慈善文化，让慈善离每个普通人都变得很近，让“自己需要帮助的时候被帮助、别人需要帮助的时候能够去帮助”成为一种生活方式。让更多的人参与、推动公益，实现人人公益，创造社会价值，凝聚各方人心。对长期参与公益慈善事业的先进个人给予应有的精神褒奖与社会尊重，形成人人向善、人人行善的社会环境。第五，放大三次分配的价值。三次分配的不可替代性与更高价值在于社会价值，在于我们互助友爱的传统，在于它能够润滑社会关系、促进社会团结。要让三次分配扮演价值的“放大器”，而不是价值的“搬运工”。

第一章

如何跨越财富鸿沟

人类社会的发展轨迹经过了共同贫穷—贫富分化—财富鸿沟等几个阶段，共同富裕是马克思主义思想中关于人类社会未来发展的一个关键目标，是人类社会发展到最高阶段的重要标志，也是人类数千年来孜孜以求的一个梦想。

一、从共同贫穷到共同富裕

人类的记忆是从共同贫穷开始的，渴望富有是人类的共同追求。从历史的长河回望，人类的聪明才智创造了大量的财富，但是也制造了巨大的财富鸿沟，时至今日，共同富裕依然遥不可及。

1. 共同贫穷

讲到共同富裕，其关键词是富裕。富裕的“前身”是贫困，贫困是人类社会的顽疾。自从“人猿相揖别”以来，物资匮乏一直是人类面临的挑战，反贫困始终是古今中外治国安邦的大事。人类社会的发展史，既可以看作人类从愚昧走向文明的历史，也可以看作人类不断同贫困进行斗争、由落后走向繁荣的历史。

共同贫穷是人类社会的起点。早期人类社会形态是以生产资料原始公社所有制为基础的，延续了数百万年之久。原始社会的人类刚从动物中分离出来，由于气候变化，人类的祖先从森林迁移到草原。与肉食动物相比，人飞不如禽、走不如兽，生产力极度低下，原始社会的人们主要使用石器工具，以采集天然食物和渔猎为生，个人无法与大自然斗争，单个的人是绝对无法生存的。在原始社会，人们只能依靠自己的聪明智慧制作工具，团结起来依靠集体劳动获得有限的生活资料，共同为生存繁衍而进行艰苦的斗争。由于劳动成果只能按平均原则在全体成员间分配，没有剩余，没有压迫，没有剥削，没有阶级，因此原始社会又叫原始共产主义社会。关于这一点，1877 年摩尔根在《古代社会》一书中指出，古代氏族内成员都是平等的，民主选举自己的首领，有事大家共同商量。恩格斯在 1888 年发行的英文版《共产党宣言》“至今一切社会的历史”的后面加了一个注：“这是指有文字记载的全部历史……摩尔根发现了氏族的真正本质及其对部落的关系，这一卓绝发现把这种原始共产主义社会的内部组织的典型形式揭示出来了。随着这种原始公社的解体，社会开始分裂为各个独特的、终于彼此对立的阶级。”[①] 原始社会的“共产主义”，具有生产资料公有、互助合作的共同劳动、产品平均分配等特点。当然，这些特点只有在单个原始人的小团体范围内才有。原始人团体在初期是有血缘关系的 20—50 人的原始群，后来逐渐过渡到氏族公社——母权制和父权制，规模在 100—1000 人，拥有一个共同的祖先。这一切都是生存的本能使然，谈不上什么高尚的道德。

到了新石器时代的原始社会中后期，原始农业和畜牧业开始出现。随着生产力的发展，人类社会产生了第一次社会大分工，游牧部落从原始人群中分离出来，畜牧业与农业成为社会生产的两大部门。公社的社会产品除了维持部落消耗还有少许剩余，有剩余就出现了不同的原始部落之间的商品交换，由此私有制和阶级关系开始萌芽。随着生产力的进一步发展，人类社会又出现了第二次社会大分工，手工业与农业相分离，商品生产随之兴起，私有制开始出现并不断发展，原始公社制度逐渐解体，并被奴隶制度所代替。

伴随私有制的出现，原始共产主义的共同贫穷被打破，贫富开始出现分化。这种分化，从历史上看，应该是一种进步的

① 马克思、恩格斯：《共产党宣言》，北京：人民出版社，1997 年，第 27 页。

现象。私有制是人类的自私本性衍生的产物，不是天生的“万恶之源”。原始人类出于生产生活的需要，创造发明了不仅包括生产工具，也包括生产对象的整个生产资料的私有制。它本质上属于一种最基本的按劳分配，能持续推动社会生产的发展。同时，生产资料私有制也在社会中开启了人与人之间“如何活得更好”的良性竞争，成为推动整个社会不断发展的巨大引擎。

2. 财富鸿沟

一方面，财富鸿沟是一项古老的挑战，中外皆然。早在有文字记载的历史之前，从原始社会瓦解、私有制产生起，贫富差别就开始出现了。考古发掘发现，旧石器时代晚期，世界上已出现一些较为豪华的墓葬。到了新石器时代，这种现象就更为普遍。距今7200—6400年的赵宝沟遗址表明，先民已有等级高低之分；距今6500—4500年的大汶口遗址显示，当时社会的贫富分化相当明显。孔子曾说，“郁郁乎文哉，吾从周”。事实上，西周时期的贫富分化已经相当严重，大小墓葬差异巨大。到了孔子生活的春秋时期，他已敏锐地观察到“闻有国有家者，不患寡而患不均”。到了战国时期，“不均”更加严重，“庶人之富者累巨万，而贫者食糟糠”。秦汉至隋代“富者田连阡陌，贫者无立锥之地”，甚至出现了一个“豪民”阶层。唐宋“富民”

阶层登上历史舞台，“贫者愈贫，富者愈富”，贫富分化进一步加速。元明清的贫富悬殊更是远超前代，“贫民不得有寸土，缙绅之家连田以数万计”，时人感叹：“富者百人而一，贫者十人而九。贫者不能敌富者，少反可以制多。金令司天，钱神卓地。贪婪罔极，骨肉相残。”正因历朝历代财富鸿沟巨大，“均贫富”曾是中国历史上绝大多数农民起义时打出的旗号。东汉末年，张角提出“致太平”的口号，唐朝王仙芝、黄巢力倡“均平”的理念，明末李自成提出“均田免赋”的纲领，清末太平天国运动在《天朝田亩制度》中确立“有田同耕，有饭同食，有衣同穿，有钱同使，无处不均匀，无人不保暖”的天国大纲。“吾疾贫富不均，今为汝等均之”，这句话道出了千千万万贫苦农民的心声，因此往往揭竿而起、一呼百应。中国共产党领导人民开展革命，本质上也是要改变旧社会的种种严重不平等的状况。

财富鸿沟并非我国独有。据 2017 年发表的一项对全球 63 个考古遗址的研究发现，从 1 万年前到 2000 年前，全球各地的财富基尼系数一直呈上升趋势。比孔子晚一个多世纪的柏拉图在《理想国》中谈到，古希腊城邦“定然不是一体，而是二体，一是穷人的国度，一是富人的国度，同住一片空间，却总是互相谋害对方”。后人估计，柏拉图所在的雅典当时的财富基尼系数至少达到 0.7 以上。罗马共和国后期，财富在统治阶层中大量积累；进入帝国时期，不平等变得极端严重，顶端富豪的收入几乎等于普通人年均收入的 150 万倍。公元前 12 世纪到公元前 9 世纪的黑暗时代，社会崩溃、混乱降低了欧洲不平等程度，但到 1347 年黑死病暴发的前夕，其整体上又变得极为不平等。据有关专家估算，那时巴黎与伦敦的财富基尼系数分别达 0.79 和 0.76 以上。黑死病过后，财富鸿沟再次迅速扩大。1427 年，佛罗伦萨的财富基尼系数约为 0.85。从中世纪晚期到现代早期，西欧各地的财富基尼系数至少都在 0.75 以上，在德意志的奥格斯堡与英格兰的都市区，甚至高达 0.85 以上，财富高度集中在极个别家族手中。1500—1800 年，整个欧洲的财富基尼系数都呈上升趋势。在内战前的美国南部，基尼系数更是高达 0.9。美国整体的财富不平等水平在 1800 年后一直持续上升，直到“二战”爆发之前达到巅峰。[①]

另一方面，财富鸿沟也是一项新挑战，愈演愈烈。历史不会重复自己，但会押着相同的韵脚。当今世界，虽然物质财富极大丰富，但贫富差距仍然巨大。数十亿人还在贫困中挣扎，

① 参见王绍光：《有些“先富”忽略“后富”，还给自己找了理论依据》，本文为《跨越财富鸿沟》一书的序言。

消除贫困仍然是人类社会梦寐以求的目标。从经济大萧条后到 20 世纪 70 年代中叶，全球各国的财富不平等水平曾持续下降，特别是当国际共产主义运动蓬勃发展、社会主义阵营日益强大时，中国与苏联等社会主义国家不平等水平相当低。然而，随着国际政治形势的变化，全球各国的财富不平等水平又都开始回潮，并在过去十余年上升到让人警惕的程度。1980—2016 年，美国基尼系数逐年上升。按照经济学家的一般定义，所谓中产阶级，是指收入排在中间 60% 的那部分人群。从美国的数据来看，年收入在 2.7 万—14.1 万美元的 7750 万个家庭属于这一群体。根据美联储的数据，这部分中产阶级的总资产加在一起占美国人全部财富的 26.6%，不及前 1% 的富裕人群（年收入超过 50 万美元的 130 万个家庭）同口径 27% 的财富占比。[①] 托马斯·皮凯蒂研究发现，资本收益总是轻松甩开劳动收益。21 世纪的今天，许多国家依然重复着 19 世纪上演过的资本收益率超过产出与收入增长率的剧情。在新冠肺炎疫情防控期间，美国前 50 名富豪所拥有的财富增加了 7000 多亿美元，总额已超过 2 万亿美元，这些美国富豪的财富规模与美国约 1.65 亿名

① 《史上首次！美国中产家庭财富总额不及前 1% 的富人》，中国日报网，2021 年 12 月 13 日。

普通民众（占总人口的一半左右）所拥有的财富相当。[①]2021年4月29日，美国总统拜登在国会上发表演讲时直言，“涓滴经济学[②]从来没有奏效，是时候自下而上，由内向外发展经济了”。

从未来发展方向看，随着数字经济时代的到来，从工业资本主义到金融资本主义，再到今日的数字资本主义，社会财富的创造速度与集中度已得到极大提升，并在技术效应的影响下不断放大。与传统经济发展不同，数字经济时代的财富创造与集中速度前所未有，进一步放大了当前全球财富分配机制的缺陷，造成更为严峻的贫富分化问题，使各阶层之间的财富鸿沟越来越深。平台等典型的数字企业具有明显的轻资产的特点，他们并不投资工厂、生产设备、仓库甚至员工等内部资源。加拿大学者尼克·斯尔尼塞克将这种尽可能降低资产所有权的平台称为“精益平台”。平台企业一般采取“超外包”运作模式，

---

① 托马斯·皮凯蒂：《21世纪资本论》，北京：中信出版社，2014年，第27–28页。

② 涓滴经济学又称涓滴理论，指在经济发展过程中并不给予贫困阶层、弱势群体或贫困地区特别的优待，而是由优先发展起来的群体或地区通过消费、就业等方面惠及贫困阶层或地区，带动其发展和富裕，或认为政府财政津贴可经过大企业再陆续流入小企业和消费者之手，从而更好地促进经济增长。

也就是将几乎所有可能产生的成本都外包出去，包括员工外包、固定资本外包、维护成本外包、培训外贸等，剩下的只是最低限度的投入——控制平台、获取垄断租金。平台企业“连接”而不“拥有”，拥有的是连接的手段，扩大规模的边际成本几乎为零，对传统的企业架构进行了彻底颠覆，大大减少了资本增值过程中的分利环节，相应增加了剩余收益，重构了价值创造的过程。根据梅特卡夫定律，网络的价值与系统中连接的用户数量的平方成正比。这就意味着网络效益所带来的是平台对用户、用户对平台、用户对用户的全方位、立体式的交互影响，其产生的价值效应远远超过传统“线性企业”的增长水平。平台扩大规模的成本极低，收益却很高，具有无与伦比的边际经济效益，极易形成垄断，以至于互联网产业有这么一个说法：“数一数二，不三不四”，赢家通吃。数字时代的新技术叠加金融资本之后，以新兴科技巨头为核心的各类数字平台通过对互联网某一领域的垄断，获得了超高额的利润。在技术的支持下，数字平台对财富形成虹吸效应，使各阶层之间的财富鸿沟进一步拉深拉大。高度的不平等实际上既不道义，也不高效。

马克思在《1844 年经济学哲学手稿》中提出“异化劳动”这一概念时，他恐怕想不到 170 多年后数字技术这种新的生产力，不仅没有解决异化劳动的问题，反而变本加厉；不仅没有解放劳动者，反而编织了一套更加繁复的枷锁，将劳动者束缚得几乎喘不过气。如果对此不加以修正，任其发展下去，肯定与人类追求的目标背道而驰。平台打着“共享、科技与技术中立”的旗号，对普通劳动者的控制越来越精细，企业的负外部性完全由社会承担，它们却在制度的缝隙中游走套利，这本质上也反映了监管的缺失。中国近年来在这方面比较激进，走得比较快，走得比较远。作为数字经济时代的领跑者之一，中国有责任探索缩小贫富差距、规制平台经济的方法。这不仅关乎中国，也关乎世界。

3. 共同富裕

“均贫富”的思想和实践由来已久，在古希腊，柏拉图提出了以“公平正义”为准则的“理想国”，亚里士多德设计了“理想城邦”等理想社会构想，但都以失败告终。欧洲早期空想社会主义学说的创始人、英国大法官托马斯·莫尔，1516 年在《乌托邦》一书中设想了“乌托邦”这个无比美好的理想地：人人平等、财产公有、物质丰裕、按需分配。[①] 这一畅想是人类社

① 托马斯·莫尔：《乌托邦》，西安：西北大学出版社，2016 年第 1 版，第 3–4 页。

会主义思想的起点——空想社会主义。空想社会主义是人类进入资本主义社会、出现了现代雇佣劳动后，作为资本主义的对立物、批判者出现的。它站在工人阶级和被压迫人民的鲜明立场上，是反对资本主义的思想体系中的一颗耀眼的明星，对未来社会的构想具有较为深刻的历史意义和较为丰富的思想内涵，是对人类思想的另一种形式的启蒙。

受莫尔《乌托邦》的启发和影响，300 多年后的 1848 年，马克思、恩格斯发表了《共产党宣言》，把社会主义思想从空想变为科学。他们敏锐地洞察到，当人类社会发展到资本主义社会，在生产力快速发展、物质财富快速增长的同时，劳动者贫困化和社会贫富两极分化却日益加深，“在一极是财富的积累，同时在另一极，即在把自己的产品作为资本来生产的阶级方面，是贫困、劳动折磨、受奴役、无知、粗野和道德堕落的积累”[①]。在揭露、批判资本主义制度弊端的基础上，他们缜密推理并大胆设想：在共产主义社会，“生产将以所有人的富裕为目的”，“所有人共同享受大家创造出来的福利”。共同富裕，成为马克思、恩格斯所设想的未来社会的重要特征。

---

① 《马克思恩格斯全集》(第 3 卷)，北京：人民出版社，1995 年，第 625 页。

马克思对贫困问题的分析是建立在资本主义制度基础之上的，他在肯定资本主义社会所取得成就的同时，也指出了这种社会制度的弊端。不可否认，资产阶级在它不到一百年的阶级统治中所创造的生产力，比过去一切世代创造的全部生产力还要多，还要大。但是，物质财富的绝对增长并不意味着贫困的消除，资本主义社会的飞速发展也没有改善工人阶级穷困潦倒的处境，因为“过去一切阶级在争得统治之后，总是使整个社会服从于它们发财致富的条件，企图以此来巩固它们已经获得的生活地位”。资产阶级在取得统治地位后，通过一系列资本主义制度来剥削工人阶级，无休止地榨取他们的剩余价值，导致工人阶级处境艰难，愈加贫穷。正如恩格斯曾指出的：“工人阶级处境悲惨的原因不应当到这些小的欺压现象中去寻找，而应当到资本主义制度本身中去寻找。”

在资本主义制度下，生产商品所需的生产资料和工人自身的劳动力相分离，资本家拥有对生产资料的所有权，工人为了养家糊口，不得已出卖自己的劳动，在肉体和精神上异化为机器，毫无自主能动性可言，并且无论工人生产多少产品，创造多少财富，都与工人本身无关，因为“劳动所产生的对象，即劳动产品，作为一种异己的存在物，作为不依赖于生产者的力量，同劳动相对立”。这种状况所产生的结果必然是“工人生产的财富越多，他的生产的影响和规模越大，他就越贫穷”。资本主义制度下的异化劳动是导致工人阶级贫困的重要原因，它不仅让工人陷入贫困的境地，面临物资匮乏的危险，同时也扭曲工人的本质，摧残他们的精神。正如马克思所指出的：“劳动为富人生产了奇迹般的东西，但是为工人生产了赤贫。劳动生产了宫殿，但是给工人生产了棚舍。劳动生产了美，但是使工人变成畸形。劳动用机器代替了手工劳动，但是使一部分工人回到野蛮的劳动，并使另一部分工人变成机器。劳动生产了智慧，但是给工人生产了愚钝和痴呆。”资本主义剥削制度不仅使工人阶级在经济上遭受贫穷，也使他们在精神上极端匮乏，这种悲惨的境遇使马克思更加关注资本主义社会的贫困现象。

恩格斯拒绝无政府主义的个人负责制，也反对以欧文为代表的空想社会主义者所进行的思想实验，即“解除社会贫困的社会主义计划”。恩格斯认为，在现实的贫困问题和正义问题面前，这些精神材料显然毫无意义。他通过亲身观察获取数据，由此发现了贫困问题的社会根源。恩格斯指出，贫困问题是社会发展的产物，工人阶级贫困状况是工业社会形成、发展的历史结果。工业革命进程的推进逐渐形成了竞争和垄断现象，使贫富差距更加尖锐和明显。随着劳动与资本的矛盾、人和土地的矛盾、消费与生产的矛盾等的激化，商业危机的普遍严重化直接导致了社会危机。恩格斯提出了“社会谋杀”的概念，将赤贫问题等同于“社会谋杀”，认为这是源自生产力与生产关系的矛盾机制，直接体现为生活资料和生产资料的占有多寡问题。他认为，空想社会主义者以财产共有为前提，从既定的法权关系理解贫困问题。这些理论家或经济学家既没有深入考察“现代文明社会的一般实际情况”，也没有以社会历史总体为研究对象，因而也就没有透过竞争和垄断现象、所有权和自由主义的关系而深入生产力与生产关系的矛盾问题。恩格斯在《英国工人阶级状况》中指出：面对“社会谋杀”现象，资产阶级清楚地知道工人阶级正在饱受苦难，但不去改善这一现状，反倒用法律或思想启蒙等方式掩盖和修饰生活资料与生产资料分配不公的问题，结果便是资本越加速流动，赤贫现象就越剧烈。由于私有制的存在，资本统治权和享乐权落在占社会少数的资本家手里，而占社会绝大多数的无产阶级却享受不到自己的劳动果实。因此，他提出了“以阶级斗争为突破方式”的解决贫困问题的方法，认为只有通过工人运动和阶级斗争并全面变革社会关系，才有可能使阶级利益得以融合。工人运动不是自然运动的过程，而是社会历史展开的过程。不是因为贫穷而产生工人运动，而是因为生产关系的矛盾运动而产生工人运动。

马克思、恩格斯一生的所有理论体系，简言之，就是通过阶级斗争消灭资产阶级，消灭私有制，建立一个人人平等、没有剥削、共同富裕的社会主义社会，并最终实现共产主义社会。按照马克思、恩格斯的构想，共产主义社会将彻底消除阶级之间、城乡之间、脑力劳动与体力劳动之间的对立和差别，实行各尽所能、按需分配，真正实现社会共享、实现每个人自由全面发展。他们认为，共产主义社会是人们“共同的社会生产能力成为他们的社会财富”[①]的社会，是“以每个人的全面而自由的发展为基本原则的社会形式”[②]。可见，在共建共享基础上形成共同富裕，是共产主义社会的鲜明特征。马克思、恩格斯在吸纳和批判空想社会主义的基础上，揭示了资本主义私有制与共同富裕的内在矛盾，提出了“共产主义阶段论”。在共产主义第一阶段（列宁把这个阶段称为社会主义），人们以劳动贡献换

---

① 《马克思恩格斯全集》（第 46 卷）（上册），北京：人民出版社，1979 年，第 104 页。

② 《马克思恩格斯全集》（第 2 卷），北京：人民出版社，1995 年，第 239 页。

取生产生活资料；随着生产力的发展，社会财富极大丰富后，共产主义社会就进入了“各尽所能，按需分配”的高级阶段。社会主义社会作为迈向共产主义社会的重要阶段，追求实现共同富裕是应有之义。

对于未来社会的发展前景，恩格斯引用摩尔根对文明时代的评断：自从进入文明时代以来，财富的增长是如此巨大，它的形式是如此繁多，它的用途是如此广泛，为了所有者的利益而对它进行的管理又是如此巧妙，以致这种财富对人民来说已经变成了一种无法控制的力量。人类的智慧在自己的创造物面前感到迷惘而不知所措了。然而，总有一天，人类的理智一定会强健到能够支配财富，一定会规定国家对它所保护的财产的关系，以及所有者的权利的范围。社会的利益绝对地高于个人的利益，必须使这两者处于一种公正而和谐的关系之中。只要进步仍将是未来的规律，像它对于过去那样，那么单纯追求财富就不是人类最终的命运了。自从文明时代开始以来所经过的时间，只是人类已经经历过的生存时间的一小部分，只是人类将要经历的生存时间的一小部分。社会的瓦解，即将成为以财富为唯一的最终目的的那个历程的终结，因为这一历程包含着自我消灭的因素。管理上的民主，社会中的博爱，权利的平等，普及的教育，将揭开社会的下一个更高的阶段，经验、理智和科学正在不断向这个阶段努力。这将是古代民族的自由、平等和博爱的复活，但却是在更高级形式上的复活。①

二、追求什么样的共同富裕观

治国之道，富民为始。共同富裕是中华民族的世代追求，在我国具有深厚的历史渊源和思想基础。中国共产党自诞生之日起，就矢志为中国人民谋幸福、为中华民族谋复兴，推进共同富裕贯穿党的百年奋斗历程。

1. 追求大同

我国古人有追求"大同社会"的愿景，自古以来就憧憬共同富裕。儒家经典《礼记·礼运》中有非常著名的一段话："孔子曰，大道之行也，天下为公，选贤与能，讲信修睦，故人不独亲其亲，不独子其子，使老有所终，壮有所用，幼有所长，鳏寡孤独废疾者，皆有所养……是谓大同。"共同富裕，是天下大同的核心内容。孔子主张"不患寡而患不均"，孟子讲"贤者与民并耕而食"，共同富裕的思想深深根植于中华民族传

---

① 《马克思恩格斯全集》(第 28 卷)，北京：人民出版社，2018 年，第 247 页。

统文化中。

古人不仅有愿景，而且还有实践。自古以来我国社会就呼吁公平，最早的办法就是井田制。井田制，顾名思义就是一方田地分成井字形的九块，八户人家分种自己那一块，中间一块是公田。大家忙完自己的一亩三分地后，顺便把中间的农活一块儿干了，收割之时再把公田的粮食均分。这一制度的最大优点，就是“雨我公田，遂及我私”。即有了集体再分配，哪怕能力最弱的那户人家也有一口饭吃。抑制土地兼并是中国古人一贯的思想，其发展到今天就是共同富裕。中国历朝历代（宋朝除外）在土地方面都打压豪强，关注普通平民利益，避免土地财富集中在少数豪强手中。实行封建国家的土地所有制，用屯田制和均田制等保证农民有一定的土地；用占田制、课田制等限制官、民占有土地的最高限额；清查大地主土地的实际数目，保证国家的赋税收入。历代即使发生土地兼并，也多在天灾农民歉收之时，地主通过高利贷等手段霸占农田。

就公平和阶层流动而言，中国最早从商鞅变法开始，确立了 12 级军功爵位制度，限制了旧贵族的世袭权力。从秦朝开始，不看出身看努力，哪怕是最普通的山野村夫、平民子弟，只要在战场上有军功，就能从普通士兵升为公士，一步一步直到关内侯。自秦以降，中国历代的公平制度不断完善，从隋唐的科举到今天的高考，哪怕出身再贫寒，都有改变命运、实现阶层跃升的可能，“朝为田舍郎，暮登天子堂”。与此同时，也淬炼了中国人“穷则独善其身，达则兼济天下”的家国情怀。

中华民族的平等精神由来已久，中国古代社会的基本制度孕育于春秋战国，形成于秦汉，完成于隋唐。中国是最早去贵族化的国家，中国血缘贵族的瓦解、析产继承权的形成、科层化的官僚制度等，比西方国家早了 1000 多年。自秦汉以后的 2000 多年来，中国一直是一个平民化的社会，社会大众在法律上生而平等。孙中山提出的“三民主义”中，平等思想也占有十分重要的地位，“民族主义是对外国人争平等的，不许外国人欺负中国人；民权主义是对本国人争平等的，不许有军阀官僚的特别阶级，要求全国男女的政治地位一律平等；民生主义是对于贫富争平等的，不许全国男女有大富人和大穷人的分别。要人人能够做事，人人都有饭吃”①。

千百年来，中华民族为消除贫困、过上富足生活而不懈奋斗。“天下大同”的思想绵延千年、传扬天下，农家的“并耕而

① 《孙中山选集》，北京：人民出版社，1986 年，第 903 页。

食”、道家的“小国寡民”、儒家的“小康”“大同”社会理想，都反映了进入阶级社会之后，在阶级分化和贫富分化相互交织、社会矛盾加剧的背景下，人们追求天下为公、人人劳动、财富均分的理想社会的愿景。我国古代各种类型大同思想的共同特点在于均贫富的诉求：从孔子的“不患寡而患不均，不患贫而患不安”，孟子的“老吾老以及人之老，幼吾幼以及人之幼”，管子“以天下物利天下人”“与天下人同利”的治国主张，老子“有余者损之，不足者补之”的分配思想，晏子“权有无，均贫富”的理念主张等，到近代孙中山先生提出的“没有贫富悬殊和少数富人压迫穷人的不公正现象”，全体人民“生活上幸福平等”，完全实现“民有、民治、民享”，真正做到古人所说的“公天下”的“三民主义”，都反映出自古以来中国人民对幸福生活、共同富裕的期盼与渴望。当然，在生产力水平低下、剥削阶级占统治地位的封建制度下，共同富裕如同镜花水月，只能是遥不可及的梦想。

2. 百年之志

实现共同富裕是我们党矢志不渝的奋斗目标，贯穿党的百年奋斗历程。习近平总书记指出：“中国共产党从成立之日起，就坚持把为中国人民谋幸福、为中华民族谋复兴作为初心使命，团结带领中国人民为创造自己的美好生活进行了长期艰辛奋斗。”[①]消除贫困、改善民生、逐步实现共同富裕，是我们党的重要使命。党带领人民推翻三座大山，建立社会主义制度，推进改革开放，就是为了解放和发展生产力，逐步实现全体人民共同富裕。

（1）“打土豪、分田地”式的共同富裕观

毛泽东深刻指出，“近代以来，中国面临着两项历史性的任务：一是争取民族独立和人民解放，二是实现国家的繁荣富强和人民的富裕幸福”[②]。100 年前，中国共产党早期领导人李大钊指出，“社会主义是要富的，不是要穷的。是整理生产的，不是破坏生产的”[③]。党以土地革命为推动力，奠定了共同富裕的前提条件——土地是广大农民最重要的生产资料，让农民拥有土地是走向共同富裕的前提。中国共产党成立之初，面对广大农民的普遍贫困状态，毛泽东在 1927 年考察湖南农民运动后，深刻意识到解决农民土地问题的紧迫性。在随后的井冈山时期、

① 习近平：《在全国脱贫攻坚总结表彰大会上的讲话》，北京：人民出版社，2021 年，第 4 页。

② 《毛泽东文集》（第 2 卷），北京：人民出版社，1993 年，第 399 页。

③ 《李大钊文集》（第 4 卷），北京：人民出版社，1999 年，第 334 页。

延安时期、西柏坡时期的革命斗争中，“打土豪、分田地”成为解决农民贫困问题的重要手段。党带领广大农民“打土豪、分田地”，实行“耕者有其田”，帮助穷人翻身得解放，目的就是让人民群众摆脱贫穷、过上好日子。

（2）“大家都有份”的共同富裕观

中华人民共和国成立后，中央提出了党在过渡时期的总路线。从 1953 年起，在大力推进工业化建设的同时，开展了对农业、手工业和资本主义工商业的社会主义改造。直至 1956 年“三大改造”完成，社会主义制度在我国初步确立，为实现共同富裕奠定了根本政治前提和制度基础。党带领人民坚定走社会主义道路，就是坚信这条道路能改变中国一穷二白的落后面貌，让人民过上共同富裕的生活。在毛泽东看来，中国选择社会主义道路与追求共同富裕目标是一致的。国家摆脱落后，人民摆脱贫穷，走社会主义道路是唯一选择。1953 年 12 月 16 日，毛泽东主持起草的《中共中央关于发展农业生产合作社的决议》中，首次提出了“共同富裕”的概念，强调“党在农村中工作的最根本的任务，就是要善于用明白易懂而为农民所能够接受的道理和办法去教育和促进农民群众逐步联合组织起来，逐步实行农业的社会主义的改造，使农业能够由落后的小规模生产的个体经济变为先进的大规模生产的合作经济，以便逐步克服工业和农业这两个经济部门发展不相适应的矛盾，并使农民能够逐步完全摆脱贫困的状况而取得共同富裕和普遍繁荣的生活”[①]。

1955 年 12 月，毛泽东指出：“我们的目标是要使我国比现在大为发展，大为富，大为强。现在，我国又不富，也不强，还是一个很穷的国家。”“我们实行这么一种制度（指社会主义制度），这么一种计划（指第一个五年计划），是可以一年一年走向更富更强的，一年一年可以看到更富更强些。而这个富，是共同的富，这个强，是共同的强，大家都有份。”而“这种共同富裕，是有把握的，不是什么今天不晓得明天的事”[②]。社会主义改造，推动“集体化”，从根本上改变了我国经济结构，原有多种所有制经济并存状态，转变为公有制、计划经济、按劳分配相结合的集体所有制经济，公有制经济占比达 90% 以上，有效构筑了共同富裕的生产资料所有制基础。

① 《中共中央文件选集（1949 年 10 月—1966 年 5 月）》（第 14 册），北京：人民出版社，2013 年，第 443 页。

② 《毛泽东文集》（第 6 卷），北京：人民出版社，1999 年，第 495 页。

（3）“先富带后富”的共同富裕观

进入改革开放新时期，邓小平强调一部分地区、一部分人可以先富起来，带动和帮助其他地区、其他的人，逐步达到共同富裕。1985 年 9 月 23 日，在中国共产党全国代表会议上，邓小平对全国各地的共产党员代表讲：“在改革中，我们始终坚持两条根本原则，一是社会主义公有制经济占主体，一是共同富裕。”“鼓励一部分地区、一部分人先富裕起来，也正是为了带动越来越多的人富裕起来，达到共同富裕的目的。”[①]1986 年 3 月，邓小平在会见新西兰总理朗伊时说：“我们的政策是让一部分人、一部分地区先富起来，以带动和帮助落后的地区，先进地区帮助落后地区是一个义务。”邓小平还指出：“让一部分人、一部分地区先富起来，大原则是共同富裕。”“一部分地区发展快一点，带动大部分地区，这是加速发展、达到共同富裕的捷径。”1987 年 10 月，邓小平的这些共同富裕的思想被写进党的十三大报告，明确提出在社会主义初级阶段，“尤其要在以公有制为主体的前提下发展多种经济成分，在以按劳分配为主体的前提下实行多种分配方式，在共同富裕的目标下鼓励一部

① 《邓小平关于建设有中国特色社会主义的论述专题摘编》，北京：中央文献出版社，1992 年，第 94 页。

分人通过诚实劳动和合法经营先富起来”[①]。这一时期的分配政策，“既要有利于善于经营的企业和诚实劳动的个人先富起来，合理拉开收入差距，又要防止贫富悬殊，坚持共同富裕的方向，在促进效率提高的前提下体现社会公平”[②]。至此，“先富带后富”的共同富裕思想有了完整的阐述，并成为党的政策。

此后，邓小平在多个场合反复强调：“社会主义的本质，是解放生产力，发展生产力，消灭剥削，消除两极分化，最终达到共同富裕。”[③]“社会主义最大的优越性就是共同富裕。”[④]党的十四大报告着重指出：“贫穷不是社会主义，同步富裕又是不可能的，必须允许和鼓励一部分地区、一部分人先富起来，以带动越来越多的地区和人们逐步达到共同富裕。”[⑤]这明确阐明了先富带后富实现共同富裕，是我们立足现实、唯一可行的改革

---

① 《十三大以来重要文献选编（上）》，北京：人民出版社，1991年，第14页。

② 《十三大以来重要文献选编（上）》，北京：人民出版社，1991年，第32页。

③ 《邓小平文选》（第3卷），北京：人民出版社，1993年，第373页。

④ 《邓小平文选》（第3卷），北京：人民出版社，1993年，第364页。

⑤ 《十四大以来重要文献选编（上）》，北京：人民出版社，1996年，第12页。

方略。在当时我国社会生产力发展水平还不够高的条件下，鼓励并推动“先富”，让一部分地区、一部分人率先推动生产力发展、奠定先富基础，进而带动帮助“后富”，这一思想符合社会主义初级阶段的发展规律。

（4）“一个不能掉队”的共同富裕观

党的十八大以来，习近平总书记从中国共产党执政规律、社会主义建设规律和人类社会发展规律的高度，强调实现共同富裕是社会主义的本质要求、是我们党矢志不渝的奋斗目标。2012年11月15日，习近平总书记在十八届中共中央政治局常委同中外记者见面时提出，“坚定不移走共同富裕的道路”。为逐步实现共同富裕，党中央把脱贫攻坚摆在治国理政的突出位置，作为全面建成小康社会的底线任务，组织开展了声势浩大的脱贫攻坚战。2017年10月，习近平总书记在党的十九大报告中提出，到2035年“全体人民共同富裕迈出坚实步伐”，到本世纪中叶“全体人民共同富裕基本实现，我国人民将享有更加幸福安康的生活”[①]。大会胜利闭幕后面对中外记者，习近平

① 《决胜全面建成小康社会　夺取新时代中国特色社会主义伟大胜利——在中国共产党第十九次全国代表大会上的报告》，北京：人民出版社，2017年，第28页。

总书记明确指出："人民对美好生活的向往，就是我们的奋斗目标"。[①] 他强调全面建成小康社会，一个也不能少；共同富裕路上，一个不能掉队。我们将举全党全国之力，坚决完成脱贫攻坚任务，确保兑现我们的承诺。2020 年 3 月 6 日，习近平总书记在北京出席决战决胜脱贫攻坚座谈会时强调，脱贫攻坚越到最后越要加强和改善党的领导，越到最后越要紧绷这根弦，不能停顿、不能大意、不能放松，上上下下必须把工作抓得很紧很紧。要坚持以人民为中心的发展思想，坚定不移走共同富裕道路，始终把满足人民对美好生活的新期待作为发展的出发点和落脚点，在实现现代化过程中不断地、逐步地解决好共同富裕问题，"绝不能出现'富者累巨万，而贫者食糟糠'的现象"[②]。

2020 年 10 月，党的十九届五中全会对共同富裕提出了更为具体的要求：到 2035 年"人均国内生产总值达到中等发达国家水平，中等收入群体显著扩大，基本公共服务实现均等化，城乡区域发展差距和居民生活水平差距显著缩小""人的全面发

① 《十八大以来重要文献选编（上）》，北京：中央文献出版社，2014 年，第 71 页。

② 《十八大以来重要文献选编（上）》，北京：中央文献出版社，2016 年，第 827 页。

展、全体人民共同富裕取得更为明显的实质性进展”“扎实推动共同富裕”。2020 年 11 月，习近平总书记在全国劳动模范和先进工作者表彰大会上强调：“实现共同富裕是中国共产党领导和我国社会主义制度的本质要求”“以更有效的举措不断推进共同富裕”。2021 年 1 月，习近平总书记在中央党校省部级领导干部专题研讨班上强调：“实现共同富裕不仅是经济问题，而且是关系党的执政基础的重大政治问题。要统筹考虑需要和可能，按照经济社会发展规律循序渐进，自觉主动解决地区差距、城乡差距、收入差距等问题，不断增强人民群众获得感、幸福感、安全感。”在随后召开的中共中央政治局第二十七次集体学习时，习近平总书记强调，进入新发展阶段，完整、准确、全面贯彻新发展理念，必须更加注重共同富裕问题。

2021 年 2 月，习近平总书记在全国脱贫攻坚总结表彰大会上庄严宣告，我国脱贫攻坚战取得了全面胜利，现行标准下 9899 万农村贫困人口全部脱贫，832 个贫困县全部摘帽，12.8 万个贫困村全部出列，区域性整体贫困得到解决，完成了消除绝对贫困的艰巨任务。[①] 这标志着我们党在团结带领人民创造美

① 《全国脱贫攻坚总结表彰大会在京隆重举行　习近平向全国脱贫攻坚楷模荣誉称号获得者等颁奖并发表重要讲话》，新华社，2021 年 2 月 25 日。

好生活、实现共同富裕的道路上迈出了坚实的一大步。在全面建设社会主义现代化国家新征程中，我们必须把促进全体人民共同富裕摆在更加重要的位置，脚踏实地、久久为功，向着这个目标更加积极有为地进行努力，促进人的全面发展和社会全面进步，让广大人民群众获得感、幸福感、安全感更加充实、更有保障、更可持续。同时他还强调，坚定不移走共同富裕道路是中国特色反贫困理论的重要内容。2021 年 3 月，“全体人民共同富裕迈出坚实步伐”被列入《中华人民共和国国民经济和社会发展第十四个五年规划和 2035 年远景目标纲要》。2021 年 5 月，《中共中央、国务院关于支持浙江高质量发展建设共同富裕示范区的意见》正式出台，选取浙江省先行先试，为全国其他地方促进共同富裕探索路径、积累经验、提供示范。2021 年 7 月 1 日，在庆祝中国共产党成立 100 周年大会上，习近平总书记庄严宣告“全面建成了小康社会”，强调新的征程上，“推动人的全面发展、全体人民共同富裕取得更为明显的实质性进展”①！习近平总书记深刻指出：“当前，全球收入不平等问题突出，一些国家贫富分化，中产阶层塌陷，导致社会撕裂、

① 《庆祝中国共产党成立 100 周年大会在天安门广场隆重举行》，新华社，2021 年 7 月 1 日。

政治极化、民粹主义泛滥，教训十分深刻！我国必须坚决防止两极分化，促进共同富裕。”强调“现在，已经到了扎实推动共同富裕的历史阶段”“必须把促进全体人民共同富裕作为为人民谋幸福的着力点”。提出要“抓紧制定促进共同富裕行动纲要”，“构建初次分配、再分配、三次分配协调配套的基础性制度安排”，引起了社会各界的高度关注。[①]2021 年 11 月 11 日，党的十九届六中全会审议通过《中共中央关于党的百年奋斗重大成就和历史经验的决议》（以下简称《决议》），其中多次提到共同富裕，提出“坚持发展为了人民、发展依靠人民、发展成果由人民共享，坚定不移走全体人民共同富裕道路”，要求全党要“促进共同富裕”。《决议》中特别对习近平新时代中国特色社会主义思想的核心内容作了进一步的概括，把“推动人的全面发展、全体人民共同富裕取得更为明显的实质性进展”，充实到了习近平新时代中国特色社会主义思想的核心内容之中。2021 年 12 月 8 日至 10 日，中央经济工作会议明确提出，进入新发展阶段，我国发展内外部环境发生深刻变化，面临许多新的重大理论和实践问题，需要正确认识和把握五个方面的问题，

---

① 习近平：《扎实推动共同富裕》，《求是》，2021 年第 20 期。

其中第一个就是“要正确认识和把握实现共同富裕的战略目标和实践途径”。强调“在我国社会主义制度下，既要不断解放和发展社会生产力，不断创造和积累社会财富，又要防止两极分化。实现共同富裕目标，首先要通过全国人民共同奋斗把‘蛋糕’做大做好，然后通过合理的制度安排把‘蛋糕’切好分好。这是一个长期的历史过程，要稳步朝着这个目标迈进。要发挥分配的功能和作用，坚持按劳分配为主体，完善按要素分配政策，加大税收、社保、转移支付等的调节力度。支持有意愿有能力的企业和社会群体积极参与公益慈善事业”。

这些重要论述，系统阐述了扎实推动共同富裕的重大意义、本质要求、目标安排、实现路径、重大举措，开辟了中国特色社会主义共同富裕理论新境界，成为习近平新时代中国特色社会主义思想的重要篇章，为扎实推动共同富裕提供了根本遵循和行动指南，开启了实现全体人民共同富裕的现代化建设新征程。

第二章

共同富裕是什么

共同富裕是什么，这是我们推进共同富裕首先要正确认识的一个问题。在全国建设社会主义现代化强国的新征程中，我们党提出推动实现共同富裕，是立足当下、着眼长远的一个重要战略考量，其含义十分丰富，必须全面、准确、完整地理解和把握其核心要义。

一、理性认识共同富裕

我们提出的共同富裕，是全民富裕、全面富裕、差别富裕、共建富裕、逐步富裕、动态富裕。要强化这方面的理念认识，让广大群众理性认识共同富裕、憧憬共同富裕、推动共同富裕、评判共同富裕。

1. 全民富裕

共同富裕，顾名思义不是少数人的富裕，是“全民共富”，是中国特色社会主义制度优越性的集中体现，是对西方现代化和福利社会的一种超越。改革开放之初，国门大开，我们发挥劳动力成本低的比较优势，吸引大量外资，极大地促进了经济发展，让一部分地区、一部分人先富起来了，有其历史合理性。但经过 40 多年改革发展，我国经济发展水平到了一个新阶段，经济总量跃居世界第二。在这一阶段，应坚决摒弃低劳动力成本竞争理论，因为按此理论，财富永远无法分配到普通劳动者手中，其结果必然造成贫富的两极分化，长期实施这一理论是明显的误用。

“群体性差距”从根本上制约着经济发展的可持续性，这与共同富裕的目标背道而驰。共享性是共同富裕的核心元素，全民富裕体现了共同富裕的共享性特征。我们需要通过矫正和补偿某些制度性因素导致的不平等，让全体人民有机会、有能力均等地参与高质量经济社会发展，共享发展成果，这是分配正义的具体体现，也是共同富裕的应有之义，全民富裕是共同富裕的最直观体现。

2. 全面富裕

《中共中央、国务院关于支持浙江高质量发展建设共同富裕示范区的意见》明确提出，共同富裕是全体人民通过辛勤劳动和相互帮助，普遍达到生活富裕富足、精神自信自强、环境宜居宜业、社会和谐和睦、公共服务普及普惠，实现人的全面发展和社会全面进步，共享改革发展成果和幸福美好生活。人的全面发展和社会的全面进步离不开精神的富足。仅仅在物质层面做文章，得到的只是短期效应，长期来看贫富差距反而会不断扩大。共同富裕追求物质生活和精神生活都富裕，既要“富口袋”，也要“富脑袋”。它可以避免个体对物质欲望的无止境追逐和对物质消费的过度攀比，这是对西方物质中心主义发展逻辑的超越。

新时代的共同富裕内涵，不能简单理解为财富占有和收入分配的中和转移，而是全国人民共同创造和发展的总成果，代表了政治、经济、社会、文化、生态环境“五位一体”高度协调的状态，是“五位一体”的全面跃升，是一种以“推动人的全面发展”为要旨的全结构福祉，具有鲜明的时代特征和中国特色。我们未来要实现的共同富裕，不单单是物质财富的富裕，也是精神财富的富裕。我国社会主义的本质就是实现人的全面发展，实现全民族共同富裕，消除贫富差距，消除两极分化，这是和物质文明的极大发展离不开的。但是，当物质文明建设出现一些成绩之后，如果没有一定程度的精神文明与之相适应，那么社会主义的建设将会出现偏差，如果人们的精神文明需要不能得到满足，一系列不和谐的问题就会出现。

在我国已全面建成小康社会的时代背景下，随着社会生产力的不断提高，物质财富的日益丰富，共同富裕的目标要求不能仅仅把目光聚焦于经济数量的增长之上，还应大力推进精神层面的共同富裕，把发展的目的回归到人本身，以人的发展与进步来衡量。这就要求在新发展阶段更加注重包含智力、健康、道德、品质、素养、个性等全方位的发展，注重发挥人的创造性和才华，实现人的自主与精神丰赡。持续推进法治建设、政治建设，不断推进社会安全和社会和谐水平，以增进人民群众的尊严和体面，不断增强人的独立性与现代性，使富裕文明最终落实在人的解放和发展上。其中包括测算人均 GDP、人均可支配收入、居民财富增长；缩小城乡收入、地区收入、居民总体收入等差距，扩大中等收入群体规模；反映生活质量的指标，反映人民生活质量和公共服务质量；反映人本发展的指标，反映人民群众日益增长的物质和精神等多样化多层次需求是否得到有效保障。

3. 差别富裕

共同富裕，必须要体现在“共同”“公平”“平等”等元素上，但又要避免步入平均主义的歧路。平均主义是空想社会主义的特征，平均主义让劳动的特殊性归为一般性，实质就是不干活的人占有干活人的成果。因此，从无偿占有他人劳动成果的角度看，平均主义也是一种剥削。亚里士多德认为：强调各取所值，按照各自的价值进行分配，正义就是一种比例。分配正义，这种正义务求比例匀称，按各要素贡献的大小进行分配。亚里士多德形象地比喻，要是投资 1 米那的人和投资其他 99 米那的人平等享用 100 米那的本利，这才真正是不合正义的人。正义的分配是以应该付出恰当价值的事物授予相应收受的人，应该考虑到每一位收受人的才德或功绩。按照亚里士多德的理解，分配正义是基于不平等上的正义。不平等的前提决定了差异的平等，差异的平等也是一种正义。恩格斯指出："决不能把'普遍的公平原则'和那种粗陋的平均主义混淆起来。"邓小平强调："我们坚持走社会主义道路，根本目标是实现共同富裕，然而，平均发展是不可能的，过去搞平均主义，吃大锅饭，实际上是共同落后，共同贫穷，我们就是吃了这个亏。"[①] 共同富裕，不是整齐划一的同等富裕、养懒汉，更不是"罗宾汉式"的"劫富济贫"以及城乡和地区差异彻底消失的平均富裕，而是全体人民在普遍富裕基础上的差别富裕。

事实上，每个社会成员的自然禀赋和机遇不同，合理的收

① 《邓小平文选》(第 3 卷)，北京：人民出版社，2006 年，第 155 页。

入差距能体现劳动者能力和贡献的差别，有助于鼓励知识创新和技术创新，强化激励，刺激经济不断发展。共同富裕并不否认企业家、经理人、科技人员等基于创新、技术、知识、管理、资本等生产要素以获取高收入，不能也不应抹杀个人努力、能力、选择带来的收入和财富水平的差异，只是要求此差异公平、合理，是根据市场评价和贡献程度形成的合理差距。经济发展在空间上也不可能是平衡的，包括城乡差别、区域差异等，加之我国复杂的历史、代际、阶层问题，差别富裕是一种必然结果。强调这一理念，在“不患寡而患不均”的文化传统下显得尤为重要。

在市场经济发展过程中，一定程度的差距既是必然后果，也是推动市场经济体制完善的客观要求，这是市场选择的结果，不以人的意志为转移，也是社会充满活力的体现。差别富裕这种“差别”，当然应该在一定程度和范围之内，应该是经济社会发展在起点公平、过程公平、结果公平的基础上出现的差别，是能够保持经济社会持续良性运转的差别，是能够确保社会底层人群也能过上体面生活的差别。贫富差距的合理性具有量和质的双重含义，在量上意味着差距的绝对值大小、先富与后富的速度差等；在质上则主要表现为致富手段的正当性以及致富资源的可选择性等，进而形成先富与后富的非对抗性关系，和谐共生。从我国的历史文化和民众的社会心理分析，一般来说，区域差别如用不同区域人均 GDP 的差异来衡量，发达地区与欠发达地区的人均 GDP 倍数应当控制在 2 倍以内比较合理；城乡差别如用城镇居民人均可支配收入与农村居民人均可支配收入比来衡量，也应当控制在 2 倍左右为宜；全社会基尼系数控制在 0.3 左右比较合理。

4. 共建富裕

共同富裕立足于共同权利，生成于共同发展，实现于共同享用，以高质量发展为基石，是通过共同奋斗、共同努力、共同发展来共同分享整个国家的进步成果，是在做大“蛋糕”的基础上分好“蛋糕”，不是简单地分配财富，是效率与公平、发展与共享的辩证统一。共同富裕是共建共治共享的共同富裕，只有人人参与、人人尽力、共同建设，才能真正共享共同富裕的成果。共建的水平越高，共享的条件越充分，共享的程度也会越高。共建是共享的前提条件，共享是共建的最终目的。共享的程度越高，共建的动力就越大，成果也会越丰硕。共建为人民群众分享发展成果提供了可能性，共享可以激发人民群众共建的积极性。

共同富裕要求全体人民齐参与、共奋斗，鼓励勤劳创新致富，靠勤劳实干兴邦，靠勤劳创造更多的物质财富，不是靠政府大包大揽，通过多征个人所得税、出台更多社会政策以及承诺过高的社会保障水平来实现，更不能通过“削平”先富起来这部分群体的财富来实现共同富裕。我国宪法明确规定了保护公民合法的私有财产，这决定了我们只能通过“先富帮后富”，通过补齐社会弱势群体的“短板”，在增加社会总体财富和扩大中等收入群体的框架内实现共同富裕。共建富裕，意味着政府要加大人力资本投资力度，为提高人民受教育程度、增强发展能力创造更加普惠公平的条件，畅通向上流动的通道，给更多人创造致富的机会，形成人人参与的发展环境，在推动人的全面发展基础上，促进劳动关系、社会关系和谐健康发展。

5. 逐步富裕

实现共同富裕是一个相当长的历史过程，其目标要在现实的历史发展过程中得以实现和扩展。从共富观念的确立，到社会经济制度的完善、基础条件的改善，再到致富能力的提升、实际财富的拥有，均不可能一蹴而就。比如我们提出公共服务均等化，首先要解决养老待遇、医疗待遇差别问题，短期内就很难实现。共同富裕代表了人类对未来发达的经济社会发展情况的美好想象，不可能是同步富裕，需要遵循规律、逐渐探索、分阶段逐步实现。推进共同富裕要尽力而为、量力而行。中央反复强调，对共同富裕的长期性、艰巨性、复杂性要有充分估计，坚持循序渐进，鼓励各地因地制宜探索有效路径，总结经验，逐步推开。

我国地域辽阔、人口庞大，各地区资源禀赋、城乡融合程度、劳动力素质不同，必然会有一部分地区、一部分人群先发展先富起来。因此，循序渐进促进共同富裕是符合生产力发展规律和我国国情的不二之选。比如，浙江以其市场主体多元性、较为突出的科技创新能力、为人称道的社会治理水平为基础，在构建推进共同富裕的体制机制上先行先试。北京作为首都，“十四五”时期将加强普惠性、基础性、兜底性民生建设，优化收入分配结构，有效缩小收入分配差距，创建国家共同富裕示范区。广东以推动基本公共服务均等化为重要抓手，以完善和创新社会治理为重点工作，让共同富裕可见、可感、可知。

6. 动态富裕

对于贫穷和富裕的感受永远是相对的，共同富裕永远在路上，是个进行时态，可以用“实现共同富裕”来表述。实现共同富裕是个动态过程，共同富裕没有也不应是一个固定不变的标准。共同富裕是根据每一阶段经济发展的现实状况、经济的基础以及社会的条件来制定标准的。也就是说，一个阶段有一个阶段定量、定性的标准，整体来说是分阶段推进，逐步提高，并不是一步到位。共同富裕的本质意图是一脉相承的，但是在不同阶段，表现形式和标准层次会有所不同。就我国的实际情况来说，全面小康水平的实现，意味着我们一只脚迈进了共同富裕的门槛。人类对美好生活的追求永无止境，追求共同富裕没有终点。即使实现了共同富裕，经济社会发展依然还有巨大的进步空间。动态富裕，要求发展要有可持续性，不能竭泽而渔。既不能以牺牲环境为代价，也不能以牺牲我们后代的选择与利益为代价，因为从环境和代际的维度看这是非正义的，更是不可持续的。对于我们这样一个 14 亿多人口的大国来说，不能脱离环境和资源的现实约束，盲目简单地追求人均 GDP 的增长。我们需要看见，发达国家和其他高收入国家都不同程度地存在两极分化，并没有实现共同富裕。我们坚持公有制为主体的经济制度，消除两极分化，走共同富裕道路，完全能够以低于发达国家的人均 GDP 实现较高水平的共同富裕，并不必然要求等赶上和超过发达国家人均 GDP 的水平才推进共同富裕。

二、贫穷不是社会主义

贫穷不是社会主义，富裕也不一定是社会主义，共同富裕才是社会主义。共同富裕是社会主义的本质体现，其特征十分明显。

1. 共同富裕以人民为中心

在社会主义以前的各个社会阶级，占主导地位的生产关系虽然都曾经在某个历史阶段起过解放生产力、发展生产力的作用，但到后来都失去了这种作用，由生产力发展的动力变成了生产力发展的桎梏。究其原因，都在于社会财产占有和收入分配上严重两极分化，少数人的富裕是建立在大多数劳动者贫穷的基础上，因此经济社会不可能和谐，更不可能实现可持续发展。近年来，美国和欧洲一些发达国家都普遍出现了贫富两极分化、社会撕裂、民粹主义等现象。美国的占领华尔街运动最为典型，表面上看，华尔街金融资本的贪婪与腐败是占领华尔街运动爆发的直接原因，但其实美国唯利是图的资本主义制度的弊病才是导致运动爆发的深层根源。西方国家奉行的是资本至上、金钱政治，经济上长期处于贫富两极分化，最终必然导致政治极化。反观中国，“人民立场是中国共产党的根本政治立场，是马克思主义政党区别于其他政党的显著标志”①。中国共产党坚持以人民为中心的发展思想，把人民作为实践主体、认识主体、价值主体、历史主体，始终坚持人民立场，坚信党的根基在人民，力量在人民，体现出中国共产党人的治国理念和执政实践，这是实现共同富裕的重要政治理念和政治保证。

坚持以人民为中心的发展思想，这是马克思主义政治经济学的根本立场。“人民”作为社会生活和社会运动中的绝大多数人，是科学社会主义、历史唯物主义包含的基本概念，也是《共产党宣言》所确立的共产主义运动的出发点和归宿点。关于人民和人民群众的理论，构成了马克思主义思想体系中的人民思想，也是历史唯物主义的重要内容。共同富裕必须坚持以人民为中心，坚持发展为了人民，发展依靠人民，发展成果由人民共享，发展必须满足人民的利益需要。把增进人民福祉、促进人的全面发展作为发展的出发点和落脚点，保障人民平等参与发展权利，充分调动人民积极性、主动性、创造性。人民是社会物质和精神财富的创造者，是物质资料和生活资料的生产者，也是社会物质和精神生活的享用者、社会物质资料和生活

① 习近平：《在庆祝中国共产党成立 95 周年大会上的讲话》，北京：人民出版社，2016 年，第 22 页。

资料的消费者。人民群众对切身利益的追求、对美好生活的向往，推动着社会历史的发展和进步。“必须始终把人民利益摆在至高无上的地位，让改革发展成果更多更公平惠及全体人民，朝着实现全体人民共同富裕不断迈进。”①

2. 共同富裕以发达的社会生产力为条件

共同富裕是一个反映特定生产力和生产关系的概念，“共同”反映了社会成员对于财富的占有方式，是相对于私有制导致的贫富两极分化现象而言的，是社会生产关系性质的集中体现；“富裕”则反映了社会成员对于财富的占有程度，是相对于“贫穷”而言的，是社会生产力发展水平的集中体现。历史发展表明，人类对共同富裕的追求受到生产力发展水平的限制。共同富裕，顾名思义，富裕是前提、是基础、是目标导向。财富不是分出来的，而是创造出来的。共同富裕，也意味着财富极大地丰富，否则无法实现“共同”。以中国为例，目前中国有 14 亿人之多，每人 1 元，就达 14 亿元之巨。没有发达的社会生产力，无法创造出巨量财富，不可能富裕，更不可能共同富

① 《决胜全面建成小康社会　夺取新时代中国特色社会主义伟大胜利——在中国共产党第十九次全国代表大会上的报告》，北京：人民出版社，2017 年，第 51 页。

裕，“发展是解决我国一切问题的基础和关键”。

社会主义制度的建立，为生产力的发展开辟了广阔空间，社会主义能够创造出比资本主义更高的劳动生产率，这是社会主义优越性的表现。邓小平一针见血地指出：“社会主义的本质，是解放生产力，发展生产力，消灭剥削，消除两极分化，最终达到共同富裕。”[①] 中国特色社会主义制度是被实践证明能够持续推动中国发展进步的制度，中华人民共和国成立后特别是改革开放以来，中国共产党团结带领全国各族人民，创造了世所罕见的经济快速发展奇迹：国内生产总值由 1952 年的 679 亿元到 1978 年的 3679 亿元，再到 2018 年突破 90 万亿元；1978—2018 年年均经济增长 9.4%，远高于同期世界经济 2.9% 左右的年均增速；2018 年人均国民收入达到 9732 美元，高于中等收入国家的平均水平，2020 年已突破 1 万美元，2021 年达 1.2 万美元。在短短几十年里，中国发展成为世界第二大经济体、制造业第一大国、货物贸易第一大国、商品消费第二大国、外资流入第二大国，外汇储备连续多年位居世界第一。我国在创造经济快速发展奇迹的同时，还创造了社会长期稳定的奇迹。

① 《邓小平文选》（第 3 卷），北京：人民出版社，1993 年，第 379-380 页。

我们党不断保障和改善民生，增进人民福祉，走共同富裕道路。人民生活从温饱不足迈向全面小康，2018 年全国居民恩格尔系数为 28.4%，达到联合国划定的 20%—30% 的富足标准。居民预期寿命由中华人民共和国成立初期的 35 岁提高到 2020 年的 77.3 岁。我国还创造了世界发展史上的减贫奇迹，14 亿人民整体迈入小康。

实践证明，生产力提高是促进我国经济发展的重要因素。分析背后的原因，至少有以下几个方面：

一是社会主义能够克服资本主义社会所面临的社会化大生产与生产资料的私人占有之间的矛盾。资本主义社会虽然也强调发展生产力，但是，其发展生产力的结果或者财富分配的根本目的，是为资本主义社会的生产资料占有者服务的，发展的财富归少数人所有。这样一来，直接财富的创造者就缺乏积极性、主动性和创造性，劳动的动力会衰减。

二是社会主义在处理政府和市场的关系这一核心问题上与资本主义片面强调市场的作用不同，坚持市场在资源配置中起决定性作用，更好发挥政府作用。市场决定资源配置是市场经济的一般规律，市场经济本质上就是市场决定资源配置的经济。健全社会主义市场经济体制必须遵循这条规律，着力解决市场体系不完善、政府干预过多和监管不到位问题，充分发挥市场在资源配置中的决定性作用。市场化是经济发展的重要推动力，是实现共同富裕的必由之路，市场化改革作为推动经济发展的一种有效手段，是被实践和历史证明了的。但是市场化不可能自然而然地导向共同富裕，需要发挥社会主义制度优势，对市场经济进行有效的引导，在市场经济下，包括资产、能力、知识、技术、资本等各种要素都要参与分配，要素禀赋不同而产生马太效应，一个必然的结果就是产生收入差距，甚至会导致贫富差距进一步扩大。以美国为例，美国市场经济是世界上最发达的，私有化市场化程度都很高，贫富悬殊十分严重，可见市场本身不可能自动地形成共同富裕。

我国实行的是社会主义市场经济体制，必须发挥社会主义制度的优越性，发挥党和政府的积极作用。政府的职责和作用主要是保持宏观经济稳定，加强和优化公共服务，保障公平竞争，加强市场监管，维护市场秩序，推动可持续发展，促进共同富裕，弥补市场失灵。也就是说，社会主义市场经济既强调市场“无形之手”的作用，也注重政府“有形之手”的作用，强调使市场在资源配置中起决定性作用和更好发挥政府作用二者是有机统一的，不是相互否定的。只有使市场和政府各就其位、各展其长，才能推动形成市场作用和政府作用有机统一、相互补充、相互协调、相互促进的格局，促进经济社会持续健康发展。

三是社会主义能够集中力量办大事。资本主义、社会主义作为不同性质的社会制度，两相比较，集中力量办大事这一社会主义制度的内在优势是资本主义所无法比拟的。这一优势在于，国家能够有效整合社会资源，组织和动员社会力量实施一些重大项目，迅速提高生产力和国际竞争力。借助集中力量办大事克服经济社会发展问题上的“撒胡椒面”“摊大饼”现象，使得资源效用最大化。在经济极端困难、技术基础薄弱、帝国主义封锁等严峻条件下，我们党带领全国人民发挥社会主义制度优势，集中力量研制“两弹一星”、勘探和开发大庆油田等，我国只用了几十年时间就走完了西方发达资本主义国家几百年才完成的工业化历程，办成了一系列涉及国计民生的大事，为国家发展打下坚实基础，捍卫了国家主权、安全和发展利益，推动了国民经济发展，从而奠定了新中国的国际地位。改革开放以来，中国经济快速发展取得的一系列举世瞩目的重大成就，充分证明了集中力量办大事的制度优势。它可以避免出现资本主义社会中决策周期长、烦冗拖沓、涣散低效的情况，有利于实现赶超发展。我国建立了以公有制为主体、多种所有制经济共同发展的基本经济制度，国有经济主要集中在能源、交通、通信、金融、基础设施和支柱产业等关系国民经济命脉的重要行业和关键领域。正因为生产资料、国民经济命脉掌握在国家手中，国家才能够集中大量人力、物力，调动各方面的力量办大事，而资本主义国家的生产资料则由私人占有，社会被分成许多利益不同的私人集团，要集中各方面的力量难度很大。

3. 共同富裕以公有制和按劳分配为基础

历史上任何一个时代的私有制的分配方式，无一例外都是站在财产占有率的立场上，根据财产拥有的多少来进行分配，一个人因其富有而更富，这会让先天优势的财富占有者获得更多的财富，必然造成贫富分化，富者愈富，穷者愈穷，凸显了马太效应。公有制的分配方式是人类历史发展到今天最接近实现共同富裕的一种优越的分配方式。

公有制，顾名思义就是一种能够代表最广大人民利益的生产关系，人们在这样一种优越的生产关系条件下所创造的财富，能够公平地分配给社会成员。富裕固属不易，共同富裕则是难上加难，必须要有基本制度作支撑。社会主义公有制极大地保护了社会财富，能够尽可能公平地在全体劳动成员之间进行分配，是我们实现共同富裕的制度保障。公有制占主体与共同富裕，是我们必须坚持的社会主义的根本原则。这两者之间是有内在联系的，如果我们没有将公有制作为主体，片面强调其他所有制方式带来的经济效益，忽略了公有制的主体地位，共同富裕肯定不会实现。社会主义坚持以按劳分配为主体、多种分配方式并存，让全体劳动者都能够从劳动中获利，让劳动致富成为整个社会共同的意志，鼓励多劳者多得、技高者多得，这是最朴素的辩证法，也是最公平的一个社会法则，必然会最大限度地调动广大劳动者的积极性、主动性和创造性。

4. 共同富裕以效率和公平有机统一为保证

共同富裕是公平正义理念在现代社会生活和公共秩序中的集中体现，是社会主义的标志之一。效率和公平要兼顾并实现有机统一，非常不易，尤其是对于我们这样一个 14 亿人口的大国，不同地区的经济社会发展水平不一，不同行业差别也较大，不同资源禀赋的人群起点落差较为明显。共同富裕之难，也就难在这里。

中国特色社会主义制度，因为有中国共产党的坚强领导，党的十九届四中全会又突出强调了社会主义基本经济制度的基础性地位，明确社会主义基本经济制度包括“公有制为主体、多种所有制经济共同发展，按劳分配为主体、多种分配方式并存，社会主义市场经济体制等”，为实现效率和公平有机统一、促进共同富裕提供了坚强的政治保证和有力的制度保证。特别是将按劳分配为主体、多种分配方式并存及社会主义市场经济体制这两方面的内容，首次上升到社会主义基本经济制度安排，极大地增强了制度的权威性和稳定性，必将有力地促进效率和公平的统一，保证共同富裕目标的实现。

当前，坚持效率与公平的有机统一，总体上应以发展为根本任务，以全面协调可持续发展为总要求，妥善协调城乡之间、区域之间、行业之间等关系，力求使每一个人都成为社会改革和发展的受益者。一手抓效率，一手抓公平。我国是世界上最大的发展中国家，这是基本国情，发展也好，效率也好，对我们的重要性不言而喻，但是讲效率不单纯重数量，而且要重质量、重实效。我们是社会主义国家，公平公正是基本要求，要“让全体人民共同享有人生出彩的机会”，体现发展的正义性，但是讲公平不求绝对平均，而是求合理、求可持续。

牺牲效率求公平是短视的，将会陷入共同贫穷。人们在利益刺激的作用下，采取积极的行动，使利益扩大，这是人的本能。人们通过自身劳动所创造的价值应该归其所有，其理应享有全部创造出来的财富。如果片面强调公平，从其手中将财富平均分配给其他没有付出同等劳动的人，“不讲多劳多得，不重视物质利益，对少数先进分子可以，对广大群众不行，一段时间可以，长期不行”①。这会导致人们丧失对劳动的积极性，同时也助长了其他人的不劳而获思想。大家都想搭便车，这样整个社会就会失去前进的动力。

牺牲公平求效率是危险的，将会走向贫富两极分化。这既不利于经济发展，也影响社会的稳定。从经济发展看，如果贫富差距太大，也不利于消费带动经济的发展。收入水平越高则消费倾向越低，反之收入水平越低则消费倾向越高，如果社会的大部分财富被少数富人占据了，会导致社会有效需求不足。过于悬殊的贫富差距，会出现阶层固化，富人的后代会“躺平”，因为不用干活也能“躺赢”；穷人的后代也会“摆烂”，因为穷人无论怎么努力也无法改变自己的身份地位，一些社会成员就会绝望，整个社会就会停滞、撕裂甚至动荡。美国和西方一些发达国家正走在这条路上，殷鉴不远！

当然，我国也存在既降低效率又损害公平的情形，比如不

① 《邓小平文选》（第2卷），北京：人民出版社，1994年，第164页。

同劳动雇佣身份等造成要素自由流动和最优配置的制度障碍，劳动力市场上的性别与年龄歧视以及市场垄断等。这些因素既阻碍了生产要素的自由流动和最优配置，降低了效率，也扩大了收入不平等。在推进共同富裕的进程中，这些老大难的问题必须下决心加以攻克。

丨 第三章 丨

一个发展的问题

从短期看，共同富裕似乎是一个收入分配问题；从中长期看，则是一个发展的问题。共同富裕首先要富裕，不发展生产力，共同富裕就是画饼。财富是创造出来的，不是分出来的。共同富裕和高质量发展互为前提和保障。

一、财富靠创造

共同富裕是一个理想的全体人民共同享有高度的物质财富和精神财富的终极社会形态。全体社会成员能够拥有高度的物质财富和精神财富的前提，必然是可以创造出高度发达的财富水平，然后才会涉及分配。因此，共同富裕不光是分配的事情，也必然包含生产的问题。

1. 发展生产力是反贫困的根本手段

马克思认为：我们首先应当确定一切人类生存的第一个前提，也就是一切历史的第一个前提，这个前提就是：人们为了能够“创造历史”，必须能够生活。但是为了生活，首先就需要吃喝住穿以及其他一些东西。因此第一个历史活动就是生产满足这些需要的资料，即生产物质生活本身。[①] 发展生产力，改善物质生活，是人类为了生存繁衍无时无刻不在从事的历史活动，也是人类进行历史活动的基本前提。资产阶级在它不到一百年的阶级统治中所创造的生产力，比过去一切世代创造的全部生产力还要多，还要大[②]。

作为人类社会面临的一大难题，贫困的产生与社会生产力的发展程度密切相关，它不仅存在于资本主义社会，也存在于社会主义社会。毫无疑问，制度变革为消除贫困提供了重要的前提条件，但是建立了社会主义制度并不意味着贫困的绝对消除。马克思反贫困理论强调通过发展生产力逐步消除贫困，从而为人的自由全面发展奠定条件。邓小平指出："落后国家建设社会主义在开始的一段时间内生产力水平不如发达的资本主义国家，不可能完全消灭贫穷。所以，社会主义必须大力发展生产力，逐步消灭贫穷，不断提高人民的生活水平。"[③] 党的十八大以来，国家更是高度重视社会生产力的发展，提出要通过发

① 《马克思恩格斯选集》(第 1 卷)，北京：人民出版社，1995 年，第 79 页。

② 《马克思恩格斯选集》(第 1 卷)，北京：人民出版社，1972 年，第 316 页。

③ 《邓小平文选》(第 3 卷)，北京：人民出版社，1993 年，第 30 页。

展社会生产力消除贫困，改善民生，逐步实现共同富裕。在这一点上，习近平总书记强调：“我们要勇于全面深化改革，自觉通过调整生产关系激发社会生产力发展活力，自觉通过完善上层建筑适应经济基础发展要求，让中国特色社会主义更加符合规律地向前发展。”[①] 这一论述进一步发展了马克思关于生产力发展的重要思想，对于新时代贯彻新发展理念、逐步消除贫困、实现共享发展和共同富裕具有重要的指导意义。

目前，我国尽管已经实现了全面小康，但仍是最大的发展中国家。我国 2021 年人均 GDP 虽已达 1.2 万美元，接近高收入国家门槛，但与日本的 4.02 万美元、北欧发达国家平均的 5.6 万美元、美国的 6.4 万美元相比，仍然有较大差距，并不富裕。2021 年 12 月召开的中央经济工作会议，明确提出要正确认识和把握实现共同富裕的战略目标和实践途径。在我国社会主义制度下，既要不断解放和发展社会生产力，不断创造和积累社会财富，又要防止两极分化。实现共同富裕目标，首先要通过全国人民共同奋斗把“蛋糕”做大做好，然后通过合理的制度安排把“蛋糕”切好分好。这是一个长期的历史过程，要

① 习近平：《在纪念马克思诞辰 200 周年大会上的讲话》，北京：人民出版社，2018 年，第 22 页。

稳步朝着这个目标迈进。要坚持尽力而为、量力而行，完善公共服务政策制度体系，在教育、医疗、养老、住房等人民群众最关心的领域精准提供基本公共服务。因此，要实现共同富裕，必须把发展作为第一要务，为实现共同富裕创造更加丰富的物质财富。要充分保障人民平等参与、平等发展的权利。平等是社会主义的基本要求，有平等参与，方有平等发展；有平等发展，方有共同富裕。要从政治、经济、社会、文化、行政、法律等各方面采取有力举措，扫除阻碍各类社会主体平等参与、平等发展的障碍，促进规则平等落实、资源公平分配，推进城乡居民权利均等化，鼓励城乡居民在各个领域广泛参与，促进人人充分自由发展。同时，进一步健全和完善基本公共服务体系，逐步提升优质基本公共服务均等化水平，这是共同富裕的重要标志。要坚持尽力而为、量力而行的原则，在经济和财力可持续增长的基础上，健全完善基本公共服务体系。着力健全公共财政体系，调整财政支出结构，加大对教育、医疗卫生保障、保障性住房等基本公共服务领域的支出；强化就业优先策略政策，加快健全就业公共服务体系；建设高标准市场体系，形成高效规范、公平竞争的全国统一的劳动力市场，促进城乡、地区之间的劳动力流动，打破人口流动壁垒，遏制城乡之间、地区之间差距扩大趋势。

2. 发展并不总是自然发生

从 18 世纪 60 年代第一次工业革命到现在，人类社会最近 200 多年的发展十分迅猛，尤其是中国经过改革开放 40 多年翻天覆地的变化，GDP 跃居世界第二，1978—2020 年，我国 GDP 平均增速达到 9.4%，2021 年中国 GDP 总量相当于美国的 3/4 左右。当下经济社会的发展，让人们产生了一种世界总会快速改变的错觉。其实，经济增长在今天被当作常态，但 250 多年前经济不增长却是常态。人类的历史有两三百万年，但人类经济增长的历史只有 250 多年。纵观人类文明的历史，在绝大多数的时间里，停滞才是主旋律。人类在农业时代停留了数千年才进入工业时代。人类过去 200 多年的经济增长，是三次工业革命的结果。但三次工业革命并不是在所有国家同时发生的。英国引领了第一次工业革命，美国和德国引领了第二次工业革命，美国接着又引领了第三次工业革命。有些国家虽然不是引领者，但在每次工业革命发生后，能很快追赶上，但另一些国家则被远远甩在后面，其中有些国家至今还没有完成第一次工业革命。

发展取决于很多因素，包括科技的重大突破、劳动者素质的提升、人口数量和结构、社会制度的健全等。今天，我们享受的仍然是200多年前基础科学发展的红利。比如，现在广泛使用的4G、5G甚至正在研发的6G移动通信技术，其核心科技都是基于1865年麦克斯韦提出的电磁方程组。但是，如今人类的基础科学陷入了几十年没有重大突破的窘境。再比如，1995年日本经济规模达到美国规模的71%，但近年来日本出现了“失去的20年”，经济停滞不前，现在仅相当于美国的25%。经济发展并不是一件理所当然的事，大力促进经济发展，依然是人类的第一要务。

发展是实现共同富裕的物质基础，丝毫不能放松。我国这样的在生产力落后的基础上建立起来的社会主义国家，快速发展生产力更是一个紧迫的任务。要把保障和改善民生建立在经济发展和财力可持续的基础之上。只有生产力高度发展了，物质财富的“蛋糕”做大了，才能更好地分配。要坚持“富裕”和“共同”双维度发力来实现“富裕”，未来我国要想达到发达国家的中游水平，仍然需要将GDP再翻一番或者两番。为此，要加快调整生育政策，提高人口出生率，增加劳动力的数量，增加人力资本投资，提高劳动力质量，通过劳动力质量提升来拉动经济增长；实施积极的货币政策、税收政策，通过减少税收、提高利率等途径来鼓励人们储蓄，增加资本积累，扩大生产投资；实施各种技术扶持政策，促进技术进步特别是不断推出原创性技术，充分发挥技术进步在现代经济增长中的重要作用；强化现代经济中各部门之间协调和宏观规划，加强计划性，促进经济平衡增长。同时，要把握我国工业化、城镇化带来的历史机遇，重视利用户籍和常住人口城镇化率 16% 左右的差率空间，加快农业转移人口的市民化进程，以此为重点壮大中等收入群体。在实现共同富裕的路上，必须“共同”奋斗，每个人都要成为一粒种子，凭借勤劳的双手致富，用奋斗的汗水浇灌出幸福生活之花。

3. 高质量发展是共同富裕的必选项

在推进共同富裕中，经济、政治、社会的发展是系统工程，各个子系统相互支撑。如果在实践中只注重迅速地从后发优势中获利，忽略各个子系统之间的联系，一旦后发优势的红利耗尽，子系统缺乏整合性的后发劣势就会成为“发展的陷阱”。同时，经过一段时间的经济高速增长，其边际效益必然递减，发展的难度越来越大，加之资本越来越强势、发达地区越来越强势，稍有不慎，极易陷入两极分化、集团垄断资源、市场萎缩、产业升级乏力、增长停滞不前的“中等收入陷阱”，导致不仅没有实现“共同富裕”，而且出现“共同贫穷”。这些问题构成了我们当下实现共同富裕的初始条件，必须认真加以对待。

高质量发展成为我们跨越中等收入陷阱的不二之选。党中央强调，要“在高质量发展中促进共同富裕”。发展已经不易，高质量发展更是难上加难，需要迎难而上，攻坚闯关。高质量发展必须立足新发展阶段、贯彻新发展理念、构建新发展格局。在新发展阶段要推动形成以国内大循环为主体、国内国际双循环相互促进的新发展格局，重塑我国国际合作和竞争新优势；提高发展的平衡性、协调性、包容性，调动各方面创新发展的积极性、主动性，以劳动托起共同富裕之梦。

要通过高质量发展，实现共同富裕，弥合“三大差别”。尽管经过 40 多年的改革开放，我们取得了举世瞩目的成就，但长期存在的“三大差别”——区域差别、城乡差别和贫富差别仍然较为突出。实现共同富裕，就是要将“三大差别”背后的收入差距，即东西部收入差距、城乡收入差距和行业收入差距缩小到合理范围内。造成这些差距的主要矛盾出在生产力的源头上，也就是说，是直接影响生产力发展的技术、资本、管理、要素配置、竞争政策等因素不到位、不匹配、不健全造成的。推进共同富裕，通过供给侧结构性改革，在生产力的源头上把收入差距缩小，而不是本末倒置，在生产力环节上造成巨大差别后靠再分配去调节。实现共同富裕，首先要从发展环节上探讨缩小收入差距的具体方法和路径。

对于当下的中国，要实现高质量发展，投资的方向一定要选准。

一是要投向实物资本。中国作为一个制造业大国，要加大制造业等实业投入力度。制造业是经济稳定的“压舱石”，要重点发展附加值高但技术更新迭代相对缓慢的制造业和服务业。有研究显示，今天所有富裕的非石油经济体过去都享有至少18% 的制造业就业份额。这些行业的企业利润率较高，具有提高劳动者社会保障水平的物质基础。由于这些行业技术更新迭代慢，政府或企业通过社会投资型政策提高劳动者的知识和技能，能够获得相对较高的投资回报率，形成政府、企业、劳动者“三赢”的格局。同时，制造业等实体行业的产业链相对较长，除了可以提供更多的就业岗位，还可以与国内外相关行业形成相互嵌入的产业分工合作，有效对抗美国等国家的“经济脱钩”政策。

需要引起我们警觉的是，近年来我国经济“脱实向虚”现象较为严重。实体经济是指一个社会当中所有人生产产品和服务的能力，包括农业、工业、交通通信业、商业服务业、建筑业等物质生产和服务部门，也包括教育、文化、知识、信息、艺术、体育等精神产品的生产和服务部门。实体经济始终是人类社会赖以生存和发展的基础。虚拟经济通常指股票或者是债券等金融业以及房地产业，是经济虚拟化（西方称为“金融深化”）的必然产物。股票和债券的持有者虽然没有工厂，但是却可以分享工厂生产利率的一部分。考虑到虚拟经济不需要付出过多的代价就能够换回丰厚的回报，随着社会的发展，人才和资本便会脱离实体经济的投资、生产、流通，转向虚拟经济，导致虚拟经济发展过快，实体经济停滞不前，到最后出现虚拟经济泡沫。以美国为例，美国劳动力增长最快的时候是 20 世纪六七十年代，美国所有知名的州立大学都是在那个时候成立的，而且当时的州立大学都设有机械学和农学两门课程，从而培养出很多制造业的人才，为美国的经济腾飞奠定了基础。随着社会的不断发展，美国培养了大批虚拟经济的人才，这些人才点点鼠标就能获得大量的财富。虚拟经济完全跑赢了实体经济，美国每年的 GDP 增长为 3% 左右，但是虚拟经济的增长往往超过 20%。与之形成鲜明对比的是，实体经济往往投入成本较高、产出周期偏长、利润空间有限。当前，实体经济特别是中小型民营企业更是面对严峻挑战，生产经营往往处于微利、无利状态，有的甚至难以为继。随着虚拟经济与实体经济差距的不断扩大，就会出现信用风险，也就是我们耳熟能详的金融危机。

在我国，“脱实向虚”的危害已初现端倪。中国沿海一些企业大量借入高利贷，一旦超过自身清偿能力，就选择“跑路”，玩“失踪”。要想重振中国的实体经济特别是制造业，必须抑制金融资本的扩张，鼓励、引导企业进入实业领域，出台相关鼓励实体经济发展的政策，国家采取干预手段加速产业升级，加快劳动密集型产业向技术密集型产业转型的速度。

二是要投向人力资本。比如，教育、科技等对社会发展有更长期的效应，特别是很多低收入人群能获得更多好处，他们进入劳动力市场后，随着教育程度的提高，会有更多的职业选择机会，岗位的含金量也会增加，一方面会缩小贫富差距，另一方面可以对长期的经济发展作出更大贡献。通过提高劳动者受教育程度、创造更加普惠公平的条件，可以畅通人们向上流动的通道，推动农民、产业工人等更多塔底的人向中间层流动，让奋斗的人充满希望，给更多人创造奋斗的动力和致富的机会。中国有 4 亿名职工，但由于整体素质和技能水平不高，中国劳动生产率水平仅为世界平均水平的 40%，相当于美国的 7.4%，也就是1个美国工人创造的财富相当于13个中国工人，这导致中国工人的收入很难提升。因此，提高工人的收入，就要从提升他们的技能水平和素质开始，在源头上就要发展职业教育，推动中国从制造大国迈向制造强国。实现高质量发展，必须实现依靠创新驱动的内涵型增长，必须进一步加大对科技的投入。关键核心技术要不来、买不来，必须依靠自主创新实现突破。大力提升自主创新能力，尽快突破关键核心技术，这是关系我国发展全局的重大问题，也是形成以国内大循环为主体的关键。国家通过加大资金投入，充分发挥和利用好社会主义制度集中力量办大事的优势，吸引更多的人力物力财力，打好关键核心技术攻坚战。同时，依托我国超大规模市场和完备产业体系，创造有利于新技术快速大规模应用和迭代升级的独特优势，加速科技成果向生产力转化，提升产业链水平，用技术创新推动经济高质量发展，为促进共同富裕提供强大支撑。

二、告别资本狂飙突进

物以稀为贵，资本永远是稀缺的，加之资本的流动性好，所以资本成为人们追逐的对象。强势是资本的特征，逐利是资本的天性。在“投资饥渴症”的驱使下，资本在我国一度狂飙突进。近年来，中央明确提出要为资本设置“红绿灯”，防止资本野蛮生长。

1. 垄断下的资本大狂欢

近年来，随着以互联网为代表的腾讯、阿里巴巴、滴滴、美团等巨头企业的崛起，房产等资本巨头的兴起，极大地改变了人们的消费、生活、工作、教育学习方式，它们都为民生和经济发展作出了很大贡献，但也暴露出资本无尽逐利的一面，造成垄断下的资本盛宴。从互联网行业看，近年来，我国互联网平台企业快速壮大，在满足消费者多样化需求的同时，为广大中小企业开拓了新的营销渠道，但也出现了市场垄断、无序扩张、野蛮生长的问题。一些企业在竞争中往往通过“掐尖式并购”，把一些可能产生颠覆或竞争效应的小企业收入囊中，试图达到限制竞争的目的；或者通过巨额融资、以“烧钱”的方式抢占“入口”、占领用户，一旦形成垄断就赢家通吃，抬高门槛，拉高定价，搞价格歧视。个别头部企业借助已经形成的市场优势大肆向金融领域扩张，美其名曰“商业模式创新”。小公司想要到这些平台来开店销售商品，就会缴纳 20% 或 25% 的上架费。这种不合理的市场垄断带来了显著的财富聚集效应，拉大了收入分配的差距。

无独有偶，国外的互联网企业同样如此。2004 年 2 月，Facebook 创立；2012 年 5 月，Facebook 上市，短短 8 年时间，市值达 1000 亿美元，扎克伯格成为世界上最富有的人之一，也创造了上千位百万富翁；2021 年 5 月，Facebook 市值达 9300 亿美元，创历史新高，扎克伯格身价超过 1100 亿美元，排名世界前五。作为全球最大的社交媒体平台，Facebook 应用程序在大多数国家都有很高的覆盖率，有些甚至超过了 85%，其增长几乎与互联网同步。对于这种情况，如果前面搞了垄断，后面采取征税的方式来平衡，实际上是本末倒置。正确的做法应是先在源头上加大反垄断力度，加强对互联网平台企业的监管，防止资本无序扩张，促进市场有效竞争。

在我国，近十几年来，房地产行业在各路资本的涌入和加持下，成为国民经济支柱产业。我国的房地产建设面积从 20 年前每年 1 亿平方米发展到如今每年 17 亿平方米，房地产公司从几千家发展到几万家。在这个发展过程中，一些地方房价从每平方米 1000 元上涨到如今数万元甚至几十万元，背离了“房子是用来住的”的初衷。自然，这个过程中也产生了财富畸形的分配。这不仅仅是房地产行业从业人员收入畸高的问题，还由于房地产价格的暴涨，买房早、买房多的比买房晚的、没房的在获取房产增值收益方面形成了天壤之别，拉大了社会贫富的差距。社会主义的目标是先让一部分人富起来，逐步消除贫富差距，合理分配财富，实现共同富裕。因此，对关系到百姓的房产、教育、就业、生产生活等民生领域，如何加强宏观调控，通过法律法规规范发展，约束整顿资本无序扩张，促进其健康良性发展，造福广大人民，仍任重而道远。

2. 资本的发展应受到更多约束

2021 年，我们千年小康梦圆，消灭了绝对贫困，扶贫成就举世公认，共同富裕接力全面小康。面对新形势新任务，如何宏观调控资本，特别是减少资本巨头导致财富过度集中而产生的贫富差距，同时规范企业的正常经营，引导企业社会价值良性实现，保证资金合理地流向生产、科技行业，使我国成为真正的世界工厂和科技大国，是我们面临的现实挑战和当务之急。

近年来，国家频频出手，对资本的过度扩张说不。阿里巴巴因垄断行为被立案调查，罚款 182.2 亿元。2020 年 11 月，蚂蚁金服也因违规上市被叫停、整顿。2021 年 4 月，市场监管总局依据《中华人民共和国反垄断法》，对美团在中国境内网络餐饮外卖平台服务市场滥用市场支配地位行为立案调查，依法责令美团停止违法行为，并处以其 2020 年境内销售收入 3% 的罚款，共计 34.42 亿元。2021 年 7 月，中国证监会明确提出，防范少数人利用资本市场违法违规造富。2021 年 12 月，中央经济工作会议强调，要正确认识和把握资本的特性和行为规律；社会主义市场经济是一个伟大创造，社会主义市场经济中必然会有各种形态的资本，要发挥资本作为生产要素的积极作用，同时有效控制其消极作用；要为资本设置“红绿灯”，依法加强对资本的有效监管，防止资本野蛮生长；要支持和引导资本规范健康发展。当前，互联网野蛮造富到了历史拐点。一方面，资本获得了巨大利润和收益，多轮投入、反复套利。在运行方压价竞争形成垄断后，通过抬价获利，把国家下放给各种中小企业的红利政策全都拿走了。另一方面，廉价劳动力的长远利益受损，留下了极大的社会风险。大量的平台就业劳动者没有社保，在劳动力市场“裸奔”。财富过度集中到极少数巨头手中，也会导致底层劳动者和资本巨头之间贫富差距越来越大。一些民营教育培训机构几乎建立了与公立学校规模相匹配的教育体系。最终，国家出台“双减”政策，禁止资本融资上市，并且统一规定其非营利性，这也是对日益增长的教育成本并发展到内卷化的一棒怒喝。在房地产行业，国家多年来也一直采取措施，平衡金融资本、抑制房价，并加大加快建立更多的廉租房来平衡市场，保证中低收入者的生活幸福。

事实上，最近几年美国联邦反垄断监管当局也开始对Facebook的垄断力量展开全面的调查。Facebook在社交网络市场中拥有强大的市场力量，这种力量主要来源于Facebook的用户优势。庞大的用户基础和较高的用户参与度，给Facebook创造了非常强大的网络效应，创建了竞争隔离。美国联邦反垄断监管当局发现了Facebook滥用市场支配地位以损害市场竞争，诸如反竞争收购、复制竞争对手、数据访问歧视、超额利润等行为。由于缺少市场竞争，Facebook对改进平台缺乏激励，对用户隐私保护的关注严重缺乏，导致用户个人数据泄露问题严重。规制资本成为世界各国共同的政策选择。

当前，我国劳资力量对比正在发生微妙变化，资本的发展可能会受到更多约束。虽然从总体上看，我国仍存在强资本弱劳动的问题，但劳动和资本的力量对比或者稀缺度正在发生一些变化。曾几何时，我们的劳动力近乎无限供给，人口红利支撑了我国经济以接近两位数的平均速度增长了40多年。但自2012年以来，我国劳动力供给总量持续下降。第七次全国人口普查显示，2020年，我国16岁至59岁劳动年龄人口总量为8.8亿人，比2010年减少了4000多万人。劳动年龄人口持续减少是人口结构变化的重要特征。据预测，“十四五”期间我国劳动年龄人口将减少 3500 万人。农民工增速放缓，年龄快速增长。国家统计局《2020 年农民工监测调查报告》显示，从 2008 年到 2020 年，我国 21—30 岁年龄段的农民工数量从 7957 万人下降到了 6026 万人，2008 年 50 岁以上农民工占比为 11.4%，2020 年达到了 26.4%。[①] 过去互联网平台企业的盈利模式是：烧钱圈地—圈地垄断后到资本市场换钱—割韭菜。这个链条完成以后，会形成一个闭环，最终全社会将付出更高成本为此买单。在现实生活中，算法工具的普遍应用催生了隐蔽雇佣，雇主的老板身份、雇员的劳动身份都变得隐蔽起来，劳动者找不到雇主，他们被“算法”所控制。算法是什么？算法是一种技术。技术本身不能控制人，控制人的是算法技术背后的资本。以未来的利益为诱饵，资本就可以精心策划一套支配社会的制度。无论是劳动的话语权提升，还是高昂的社会发展成本，使得适当抑制资本成为当下中国的时代之选——保持对资本适度管制，坚持中国特色社会主义制度优势，约束资本的过度空转、过度流动，保障劳动者基本权益。

多种所有制经济共同发展是我国基本经济制度的重要组成

---

① 《2020 年农民工监测调查报告》，《中国信息报》，2021 年 5 月 7 日。

部分，毫不动摇地鼓励、支持、引导非公有制经济发展是党和国家的明确方针。促进共同富裕，“两个毫不动摇”不能变也不会变。习近平总书记多次发表重要论述，给民营经济发展指明方向，给民营企业家吃下“定心丸”。提高工薪阶层收入的最好办法是让企业家活动更自由，让先富起来的人继续保持创造财富的积极性。但要实现共同富裕的目标，不能始终顺从资本盈利的目标发展。以索洛模型为代表的新古典增长理论认为，经济增长存在内生收敛性，由于资本的边际报酬递减，资本劳动比率较低地区相较于较高地区经济增长率更高，初始资本和产出等差异会随时间推移逐步消失，经济发展自然而然会实现共同富裕（库兹涅兹曲线）。库兹涅兹提出倒 U 曲线的理论，影响十分广泛。如果真如索洛和库兹涅兹所预测的那样，“私利在看不见的手指导下汇聚成公益的思想”，我们就可以坦然地将实现共同富裕的任务完全交给自由市场。但遗憾的是，库兹涅兹研究的时段只有 20 多年，显然太短了。而法国经济学家托马斯·皮凯蒂研究发现，资本与劳动的力量比较，长期来看资本更强，它不可能自然而然就是个倒 U 曲线。皮凯蒂用大量数据证明，自由市场并不具有平抑财富差距的作用，贫富分化的根本原因在于资本收益率在较长时间内高于经济增长率。正如瑞典学者米尔达尔的因果循环累积原理所指出的，“穷就是穷的原因，富就是富的原因”。

互联网野蛮造富的时代步入了尾声，资本的无序扩张，顶流的“一夜暴富”，显然也到了历史拐点。如果发展生产力忽视劳动者的利益诉求，片面追求 GDP，就会重资本、轻劳动。马克思指出：在未来新社会制度中，“社会生产力的发展将如此迅速……生产将以所有人的富裕为目的”[①]。恩格斯也讲：在社会主义制度下，“通过有计划地组织全部生产，使社会生产力及其成果不断增长，足以保证每个人的一切合理的需要在越来越大的程度上得到满足”[②]。他们都强调两条：一是迅速发展生产力，二是以所有人的富裕为目的。必须让更多人通过自己的努力，进入中等收入群体，甚至成为高收入者。为了避免未来中国资本集团也像西方资本集团一样逃避国家责任，中国将对财富的初次分配作调整，针对资本巨头的限制将更加严格，资本回报率将在一定程度上被压缩。这意味着中国的劳动者可以依

---

① 《马克思恩格斯全集》（第 31 卷），北京：人民出版社，1998 年，第 104 页。

② 《马克思恩格斯全集》（第 3 卷），北京：人民出版社，1972 年，第 42 页。

靠劳动获取更高的回报，正本清源，“让社会围绕劳动这个太阳旋转”。

2021 年以来，中央加大了这方面的监管整治力度，有针对性地打出一系列政策组合拳。一是着力完善公平竞争法律制度体系。2021 年 8 月 30 日，习近平总书记主持召开的中央全面深化改革委员会第二十一次会议审议通过《关于强化反垄断深入推进公平竞争政策实施的意见》。中央两次修订《反不正当竞争法》，推动出台《电子商务法》，加快修订《反垄断法》，制定 9 部规章、6 部指南等，基本建立起覆盖线上线下、日趋系统完备的竞争法律制度体系。二是着力强化反垄断、反不正当竞争监管执法。最近 3 年来，我国共查处垄断案件 345 件、不正当竞争案件 3.7 万件、价格违法案件 11.8 万件，审结经营者集中案件 1920 件，有力维护公平竞争市场秩序。三是着力打破地方保护和市场分割。全面落实公平竞争审查制度，审查新出台政策措施文件 85.7 万件，纠正违反审查标准的文件 4100 件，清理存量政策措施文件 189 万件，废止和修订妨碍全国统一市场和公平竞争的文件近 3 万件。下一步，我国还将持续加强经营者集中反垄断审查，防止“掐尖式并购”，推动形成大中小企业良性互动、协同发展的良好格局。

2021 年 7 月 16 日，经国务院同意，人力资源社会保障部、国家发展改革委、交通运输部、应急部、市场监管总局、国家医保局、最高人民法院、全国总工会共同印发《关于维护新就业形态劳动者劳动保障权益的指导意见》（以下简称《意见》），明确要求企业依法合规用工，积极履行用工责任，对符合确立劳动关系情形、不完全符合确立劳动关系情形但企业对劳动者进行劳动管理的新就业形态劳动者权益保障承担相应责任。平台企业采取劳务派遣、外包等合作用工方式的，与合作企业依法承担各自的用工责任。推动行业明确劳动定员定额标准，科学确定劳动者的工作量和劳动强度，合理确定休息办法。要求平台企业不得制定损害劳动者安全健康的考核指标，对企业制定修订直接涉及劳动者权益的制度规则和平台算法，要求充分听取工会和劳动者代表意见建议，并公示告知劳动者。

2021 年 9 月 10 日，人社部会同交通运输部、市场监管总局、全国总工会召开平台企业行政指导会，就维护新就业形态劳动者劳动保障权益对美团、饿了么、滴滴、达达、闪送、货拉拉、满帮、到家集团、阿里巴巴、腾讯 10 家头部平台企业开展联合行政指导。要求平台企业要切实提高政治站位，准确理解和把握《意见》的精神实质和主要内容，全面贯彻落实好

《意见》要求，依法合规用工。要求头部平台企业要“走前头做示范”，积极履行用工责任。要全面摸底依托平台就业的新就业形态劳动者、用工合作企业基本情况，抓紧梳理排查平台用工问题，对照《意见》要求制定整改工作方案，明确时间表、路线图，压实工作责任。要及时整改，对符合确立劳动关系情形的新就业形态劳动者要依法订立劳动合同，保障其合法权益；对不完全符合确立劳动关系情形的劳动者要订立书面协议，按照《意见》要求保障其劳动报酬、休息、劳动安全等权益。要修改完善与用工合作企业的合作协议，督促用工合作企业依法合规用工。要健全保障劳动者权益的制度机制，充分听取劳动者意见建议，畅通劳动者诉求表达渠道，优化平台算法规则，完善收入分配制度、休息制度、劳动安全卫生制度。建立健全劳动者申诉机制，保障劳动者的申诉得到及时回应和客观公正处理。强调头部平台企业要发挥好行业引领作用，带头关心关爱劳动者，积极履行社会责任，切实维护好新就业形态劳动者权益。

交通运输部压实平台企业主体责任，指导和督促网约车平台企业依法合规用工，更多采取劳动合同制用工方式，落实驾驶员权益保障责任，合理确定平台和驾驶员之间的权利和义务。

规范平台企业的经营行为，要求网约车平台企业规范自主定价行为，降低过高的抽成比例，加强与驾驶员之间的沟通协商，设定抽成比例上限，并向社会公布。保障驾驶员的合理劳动报酬，督促网约车平台企业综合考虑工作性质、劳动强度、工作任务以及当地的平均工资、市场经营状况等因素，合理地确定驾驶员的劳动报酬标准，并向社会公布。保障驾驶员的合理休息权益，要求网约车平台企业持续优化派单机制，尽可能提高车辆在线期间的运营效率，科学确定驾驶员的工作时长和劳动强度，避免其超时劳动和疲劳驾驶，切实维护好广大网约车司机的休息权益。市场监管总局会同国家网信办、国家发展改革委、公安部、人力资源社会保障部、商务部、全国总工会联合印发了《关于落实网络餐饮平台责任切实维护外卖送餐员权益的指导意见》，要求完善外卖送餐员劳动报酬规则，建立与工作任务、劳动强度相匹配的收入分配机制，明确劳动报酬发放的时间和方式，确保按时足额发放。合理设定对外卖送餐员的绩效考核制度，平台应当合理确定订单数量、在线率等考核要素，适当放宽配送时限，不得通过算法等手段侵害劳动者的正当权益。优化平台派单机制，发挥平台的技术优势，优化外卖送餐员往返路线，降低劳动强度，科学确定订单饱和度，合理确定工作时长，切实保障劳动安全。完善多层次保险体系，依法为建立劳动关系的外卖送餐员参加社会保险，鼓励其他外卖送餐员也要参加社会保险。强化属地监管，督促网络餐饮平台落实主体责任。指导各地市场监管部门建立适应本地实际的工作协同机制，会同相关部门加强日常监管，督促本区域网络餐饮平台及第三方企业主动承担用工主体责任，确保平台健康发展和劳动者权益保障齐头并进。总之，在规范约束资本方面，国家成功打出了一连串的政策组合拳。

3. 矫正先富群体的“财富观”

社会以及先富群体自身如何看待先富群体的财富？在共同富裕的大背景下，它涉及“先富带后富”的问题，亟待形成正确的认知。这一问题关涉财富伦理问题，也涉及社会发展的代际公平公正，应本着历史唯物主义的立场和观点去分析看待这一问题。

毋庸讳言，这些财富是先富群体的个人劳动和创造，享有神圣不可侵犯的财产权。但是也要看到，这些财富的积累，某种程度上也归功于社会的红利。为什么中国能在短短三四十年创造出足以比肩美国等发达国家一两百年积累的巨大财富？中国企业家的创新能力和组织能力是不是远大于他们一直引以为榜样的美国同行，所以能赚取惊人的超额利润？中国的先富群体所拥有的财富，真的是只依靠自身的智慧和拼搏精神创造出来的吗？答案显然没有这么简单。

这一现象，可以用外部性这一市场经济理论概念来解释。企业家并不是企业成功的唯一因素，一家成功的企业必须依托于伟大的时代背景。企业的成功来自时代机遇、国家政策红利、企业成员的集体智慧，伟大的企业需要伟大的时代，伟大的时代缔造伟大的企业家。每一个时代的企业家，都有着自己的时代注脚。正如习近平总书记所讲："任何企业存在于社会之中，都是社会的企业。"[①] 把市场经济放在一个更宏大的政治和历史的框架下，我们就会发现，很多外部性问题永远无法用市场来解决。在中国的历史语境下，我们谈成就不能将改革开放以来的经济腾飞与中华人民共和国成立后前 30 年社会主义建设时期，以及 1921 年以来无数先辈争取国家主权和民族独立的伟大事业割裂开来。相反，正是因为无数先辈用生命和鲜血换来国家的独立和民族的解放，中华人民共和国成立后用 30 年时间奠定工业、科技、人力资源基础，才有了改革开放以来的经济

① 习近平：《在企业家座谈会上的讲话》，北京：人民出版社，2020 年，第 12 页。

腾飞。具体而言，当代中国产生的任何财富都离不开这几个历史时期不断积累、承前启后的正外部性，这正是中国不断发展、走向复兴、繁荣富强的基石。

“时来天地皆同力，运去英雄不自由”，在迅猛变化的时代大潮面前，人类应当保持应有的谦卑，任何人、任何企业都不能贪天功为己有。那些把时代的机遇完全归功为自己的雄才大略者，往往是成功后被人“忽悠”之后产生的膨胀者。试想，如果没有先辈们的牺牲和奉献，赢得国家主权和民族独立，中国的工业化和财富积累进程随时可能被外部列强打断，中国经济增长的空间也就不复存在，根本不可能创造今天如此之多的财富，更不可能产生如此之多的富豪。先烈们的牺牲和奉献没有也无法被市场合理定价。中华人民共和国成立后的 30 年里，两代中国人将全部个人价值交给了国家，拿着 30 多年几乎没有增长的低工资，奠定了中国的工业化基础。历史上多次的企业改革改制，数以千万计的职工承担了巨大的改革成本。中国工人阶级具有识大局、顾大体的光荣传统。20 世纪 50 年代“大跃进”后的国民经济调整时期，响应中央精简职工的号召，全国 2 年减少城镇人口 2600 万人。周恩来总理声泪俱下地讲：

“等于一个中等国家搬家，这是史无前例的。”[①]1998—2003年国有企业改革攻坚，短短5年时间就有3000多万名职工下岗失业。国家机器、社会结构的有效改造，工业体系、基础设施网络、国民教育、医疗体系的建立和完善，人才和人力资源培育体系的健全等，任何一个都是私人主体和市场不可能提供的。它们成本高昂却很难被定价，但对统一市场的形成、对国民经济的发展不可或缺，这些是全民族两代人经过30多年的努力，为整个民族和后代打下的基础。没有这些奉献和牺牲，没有这些历史红利，没有这些公共物品，中国不可能迎来改革开放40多年的经济腾飞。前人栽树、后人乘凉。在几十年的艰辛奋斗中，无论是政府官员、知识分子还是广大工人、农民，每一个人所得到的回报都无法以市场定价，他们创造的价值完全贡献给了我们的全民共同体。当下，一些重大基础设施建设资产重、投资大、回报慢，却成了中国所有互联网公司高增长、高利润发展的基石。牺牲和奉献，才是中国能走到今天所真正依赖的红利——中国的奉献红利。

正因如此，共同富裕是实行社会主义制度的人民共和国的

① 杨胜群、陈晋编：《中共党史重大事件述实（增补本）》，北京：人民出版社，2008年，第532页。

共同契约。先富群体有着不可推卸的道义责任、历史责任、社会责任，推动整个社会共同富裕。邓小平同志提出“让一部分人先富起来”，习近平总书记强调“必须把促进全体人民共同富裕作为为人民谋幸福的着力点”，如何做好前后承接、跑好接力赛，成为中国共产党建设社会主义现代化强国、接续奋斗的新的时代课题。

三、高质量就业

就业是最大的民生，也是经济发展最基本的支撑。在推动高质量发展中要强化就业优先导向，提高经济增长的就业带动力。高质量就业是扎实推进共同富裕的重要基础，就业总量、就业结构、就业质量是衡量或判断就业形势的三个尺度。从实现共同富裕这一视角出发，推进高质量就业形势紧迫、任务重大。

1. 扩大就业总量，促进充分就业

市场经济中大部分人的大部分收入来自工资，工资来自工作。没有就业就没有收入，就业是民生之本，也是共同富裕之基。随着后工业化、老龄化、全球化“三化”的加速到来，促进充分就业的重要性和紧迫性，在一定意义上超越了传统工业

化社会的社会保险、社会福利、社会救济等社会政策。工业化社会中，当生存的风险超出了家庭的保障范围，国家就会介入提供经济保护，社会保障等社会政策由此产生。“三化”的出现是资本主义工业化国家的一个重要转折点。

首先，后工业化意味着福利国家立国的工业化基础发生了变化，服务业占比大幅提高。第三产业的发展使得对于劳动力的技术水平和灵活性的要求也在提高，造成了劳动力市场的彻底分化和隔离，产生了就业极化的问题。技术水平较低的劳动力就会长期处于低端劳动力市场，更有可能从事非正式的、临时性的、报酬很低的工作；失业将不再仅仅是因为经济周期而产生的暂时性问题，更可能是因为技术淘汰而变成永久失业的社会问题。就业极化的一个直接后果便是贫富两极分化。

其次，老龄化意味着原有下一代供养上一代的“代际契约”被打破，传统的社会保障政策面临重大挑战，养老保险、医疗保险基金等面临支付危机，难以为继，共同富裕将失去坚强屏障。

最后，全球化意味着资本主义市场经济的范围完全突破了民族国家的界限，原有的针对一国之内的社会保障、社会福利等政策面临失效。各国被席卷进全球化浪潮中，资本更有可能流向税收和劳动力成本更低的国家和地区，这给发达国家同时带来了税收减少和失业率上升的双重风险；发展中国家也将面临“强资本弱劳动”的劳动力市场格局，劳动者的劳动就业、收入分配、社会保障、劳动保护等权益保障将面临考验。

同时，“三化”的“叠加”效应也日益显现。后工业化时代劳动者处于小散杂状态，流动性加剧。把这些“散兵游勇”组织起来的难度加大，劳动者一方基于市场的谈判能力减弱，收入不平等加剧，经济增长已不再为大多数劳动者带来更多的工作和更高的薪酬，“利益均沾”理论失效了。

面对大规模的结构性失业，最优解决途径不再是社会保障，而应是让失业者具备重新就业的能力，回归劳动力市场。传统的社会政策关注的是资源在不同社会阶层横向之间和不同生命阶段纵向之间的再分配，应对新形势的社会政策则更关心如何帮助更多的人通过有薪酬的工作自食其力，而不是由国家直接提供福利保障。

未来一个时期，我国需要在城镇就业的高校毕业生等新成长劳动力，预计每年将超过千万人。在工业化、城镇化进程中，仍然会有相当数量的农村剩余劳动力需要转移就业，就业的总量压力较大。充分就业是政策首选，经济发展必须以促进充分就业为导向。在绝大多数居民依赖劳动取得收入的情况下，必须不断创造更多就业机会，增加就业人数，提高就业率，为城乡居民增加收入打好基础。把保障就业置于宏观政策优先位置，将稳定和扩大就业作为宏观调控的首选目标和经济运行合理区间的下限，加强宏观政策与就业政策的协同联动，形成支持就业的宏观政策组合，千方百计扩大就业容量，保持就业规模总体稳定，实现经济增长与就业扩大良性互动。

我国的服务业和民营经济在不断发展壮大，为扩大就业提供了广阔空间。服务业领域很宽、范围很广，而且新兴产业不断涌现，是吸纳就业的蓄水池。民营企业特别是广大民营中小微企业（也包括个体工商户），提供了 80% 以上的就业岗位、90% 以上的新增就业，是吸纳就业的主力军，对其要大力支持和鼓励发展。要实施创新驱动发展战略，深入推进政府“放管服”改革，积极营造有利于创新创业创造的良好发展环境，加强创业政策的支持，强化创业孵化示范基地、返乡创业园等载体建设，有效激发市场活力和社会创造力，增强创业带动就业的能力。充分激发创业、创新、创富的动力和活力，让更多就业者变成创业者，既增加劳动报酬，又增加利润类收入。新一轮科技革命和产业变革在逐步深化，数字经济快速发展，将进一步催生更多的新产业、新业态、新商业模式，从而不断拓展就业创业新领域，为广大劳动者提供更加多样化的、丰富的职业选择。要培育新就业增长点，支持和规范发展新就业形态，鼓励创业带动就业和多渠道灵活就业；多方联动做好就业帮扶服务，确保零就业家庭动态清零。

2. 强化技能提升，优化就业结构

结构性就业矛盾是当前及今后一个时期我国就业领域的主要矛盾，突出表现就是“就业难”和“招工难”并存。一方面，“就业难”问题突出。“就业难”主要体现在部分劳动者知识技能不能适应现代产业发展的变化，求职和就业难度加大。例如，高等教育人群规模不断扩大，但教培模式、专业设置可能与市场需求不够契合，出现了一些高学历、低技能的结构性矛盾。劳动力市场存在对学历、学校和性别的歧视以及工作搜寻成本高等问题，加剧了“就业难”。人口老龄化趋势加快，大龄劳动者数量增多，随着产业转型升级，他们的就业难度也会加大。另一方面，“招工难”问题日益严峻。特别是近一段时期，普工、技工特别是技术技能人才短缺的情况在全国都普遍存在。我国技能人才求人倍率长期保持在 1.5 以上，高技能人才甚至要达到 2.0 以上。目前全国技能人才的总量占比在不断提高，技能人才由 1.3 亿人增至 2 亿人，其中高技能人才超过 5000 万人，但占比仍然偏低，不到劳动力总数的 30%。[①] 德国、日本等制造业强国技能人才总量占比达到 70%—80%，我国与之差距明显。“十四五”时期，技术进步和产业转型升级步伐会进一步加快，这对劳动者的技能素质提出了更高要求，特别是高质量劳动力短缺的结构性矛盾会更加尖锐。

“共同富裕要靠勤劳智慧来创造。”多劳者多得，技高者多得，这是最基本、最朴素的辩证法，是必须遵循的最现实、最合理的社会法则。习近平总书记深刻指出：“要坚持在发展中保障和改善民生，把推动高质量发展放在首位，为人民提高受教育程度、增强发展能力创造更加普惠公平的条件，提升全社会人力资本和专业技能，提高就业创业能力，增强致富本领。”[②] 从宏观面上看，中国的教育资源配置出现了一些问题，现行的教育制度一定程度上是在拉大差距，代际流动下降太多。提到共同富裕，首先要实现教育的公平，国家应增加对收入最低的 50% 家庭的教育资源投入。如果教育资源的分配不平衡，最后培养出来的学生在人力资本上有很大的差异，到了劳动力市场

① 《我国技能人才总量增至 2 亿人》，《光明日报》，2021 年 8 月 30 日。
② 习近平：《扎实推动共同富裕》，《求是》，2021 年第 20 期。

就会造成工资的差别、劳动生产率的差别、发展机会的差别。实现基本公共服务均等化应该是一个高水平的均等化，不仅要考虑获得公共服务的可及性，还要考虑获得公共服务的水平和质量具有同质性。

在政策导向上，要把技术技能人才培养放在更加突出的位置，大规模多层次开展职业技能培训，着力改善劳动力质量。习近平总书记指出："要想办法调动一线工人、制造业工人、农民工的积极性，这也是社会主义的本质要求。工人阶级是主人翁，主人翁的地位要体现出来。"[①] 近年来，党中央、国务院及相关部委出台《关于提高技术工人待遇的意见》《关于推进终身职业技能培训制度的意见》《关于推动现代职业教育高质量发展的意见》等相关文件 90 多个，为加强技能人才培养提供了制度保障。坚持顶层设计，健全政策制度体系，提高技术工人工资待遇，吸引更多高素质人才加入技术工人队伍。促进基本公共服务均等化，当前户籍、社会保障和基本公共服务等行政性分割，致使全国城镇 4.2 亿名就业人员中有 2.8 亿名农民工，形成了就业双轨制，阻碍了劳动力公平竞争与城镇化合理推进，不

① 《习近平到上海代表团参加审议》，新华网，2016 年 3 月 5 日。

利于建立城乡统一的劳动力市场。提升技术要素对于经济增长的贡献度，提高等量资源消耗的经济附加值，调整产业、地区结构和收入分配结构，促进我国逐步进入国际产业链中高端，加快共同富裕进程。加紧建设技能人才发展政策体系，健全完善终身职业技能培训制度、技能人才评价体系、职业技能竞赛体系。坚持以用为本，实施技能强企行动。激发企业主体活力，合理配置教育培训资源，以企业为主体、技工院校为主阵地建立科学的技能人才培养模式。

要建立城镇教育、就业创业、医疗卫生等基本公共服务与常住人口挂钩机制，推动公共资源按常住人口规模配置，加大普惠性人力资本投入，促使广大劳动者通过自己的劳动进入富裕者的阶层。加强职业教育立法。高技能人才可能不是伟大的科学家，但是他们极具创新的实践能力，同样也在改变着人类的生活，这是职业教育的巨大贡献。伟大的科学家达·芬奇曾经由衷地感叹道："伟大的工匠技艺是世界的未来。"要学习借鉴德国经验，在立法上把职业教育看作经济活动的一部分，而不要仅仅停留在教育的层面，只是将其作为教育的一个子项目。在大多数国家，职业教育法是教育法的子法。但是在德国，职业教育法是经济法的子法。德国把职业教育看作经济活动的组成部分，赋予它联邦法律的地位，而教育法只是各州自己制定的，这保证了全国职业教育一盘棋。此外，我国职业院校专业设置数量偏多，专业涉及面较窄，这样会影响毕业生的对口就业，从而造成新的技能错配，这一点需要引起有关方面的重视。

在职业技能培训方面，培训效果最好的是企业新型学徒制，要积极实施职业技能提升行动，部署落实“技能中国行动”实施方案，全面推行中国特色企业新型学徒制。探索产业工人技能提升新模式，建立劳模工匠学院和技师学院，与新型学徒制相衔接，采用工学交替教学模式对学员进行授课，在不影响企业用工的前提下开展教育教学工作。要针对学院特点，探索“双元制”继续教育模式，突破传统的专业限制和学习时段限制，采用“学分银行”累积学分的方式，将技能培训与学历教育结合起来，所得学分可在校企合作平台上通用，满足相关条件即可获得“1+×”证书，即“1”本学历证书，“×”项职业技能等级证书。建立健全产教融合、校企合作机制，开展大规模岗位练兵技能比武活动，支持企业自主开展技能等级认定等，着力提升技能型人力资本开发效能。坚持综合施策，实施技能激励行动。建立分层分类的技能人才奖励体系，通过指导企业加大技能要素参与分配的激励力度，实质性提升技能劳动者经济待遇，进一步完善评价和使用机制。同时，在纵向、横向两个维度贯通技能劳动者职业发展路径和拓展就业空间，使劳动者在技能岗位上更加高效地实现自我价值、提升社会地位。广泛深入开展全国职工职业技能大赛，2003 年以来，该大赛每三年举办一次，属国家级一类职业技能大赛，累计吸引超过 6500 万名职工参加。一大批优秀产业工人在劳动和技能竞赛中表现优异，97 名选手荣获首届全国职业技能大赛 86 个项目金牌，7 名一线职工获国家科学技术进步奖，2 项职工发明专利分别获得中国专利奖金奖和银奖、24 项职工发明专利获优秀奖，4 名技术工人荣获全国创新争先奖。要充分利用全国职工职业技能大赛这一平台，加快培养选树一大批高技能人才。坚持合作共赢，实施技能合作行动。以世界技能大赛、“一带一路”合作项目、职业资格证书国际互认工作为支点，搭建技能人才国际化合作平台，推动人力资本配置国际化，有效应对日趋激烈的国际人才竞争。

3. 稳定就业岗位，提升就业质量

2021 年，我国就业基本恢复到了疫情前的水平，但就业结构性矛盾分化趋势有所加重，重点就业群体就业心态呈现新变化，中小微企业等就业主要创造者仍受到疫情影响，就业岗位不稳定和就业质量不高的问题依然突出。

一方面，没有权益的保障，就没有就业岗位的稳定。岗位不稳定的重点人群是新就业形态劳动者、农民工，两者有较高的重合度，他们有一个共同的特点，那就是权益保障不充分、不到位。平台型就业发展在推动就业数量扩大的同时，也产生了就业极化与就业质量问题。当前，新技术、新业态、新模式下出现的新就业形态群体，比如数以千万计的快递员、网约工、货车司机等，既是劳动关系领域中相对弱势的群体，又是容易出现风险矛盾的群体。他们“像雾像雨又像风”：不同于传统标准劳动关系，不同于一般的劳务关系，不同于非全日制灵活就业，也不同于一般的社会交往（结社）方式，就业十分灵活但又极不稳定。一些外卖骑手困于平台算法，成为“全天候工人”和“风雨极速人”，社会风险极大。据调查，上海每 2.5 天就有 1 名外卖骑手伤亡。[①]

稳定这些人的就业岗位，提高就业质量，亟须尽快推动劳动基准立法，补齐劳动领域骨干性法律，整合有关工作时间、休息休假、最低工资、劳动条件、入会条件等现行法律政策规

① 赖祐萱:《外卖骑手，困在系统里》,《人物》，2020 年第 8 期。

定，制定《基本劳动标准法》，出台平台灵活就业人员职业伤害保障办法，有效保障包括新就业形态劳动者在内的广大劳动者的基本权利，避免就业极化。积极推进数字仲裁庭、智能仲裁院建设，不断探索建立新就业形态劳动者权益保障机制。平台企业应合理承担维护劳动者权益的相应责任，不得制定损害劳动者安全健康的考核指标；不得滥用市场优势地位，随意调整计价规则等经营策略；不得设置过高抽成比例，诱使劳动者超时劳动。而应合理设定对外卖送餐员的绩效考核制度，优化平台派单机制，科学确定订单饱和度，降低劳动强度，避免“过劳”等极端情形出现。“996”现象是一个巨大的企业社会责任问题，它让每个人都紧张，拉低了整个社会的质量。包括平台型企业在内的各类企事业有责任有义务让劳动者享受基本的劳动法律保障，帮助他们实现幸福劳动。

另一方面，职业发展能力跟不上，也无法保障就业岗位的稳定。当前，人工智能技术加速应用，就业替代效应持续显现，使得年龄较大、受教育年限较短、劳动技能较低的劳动者被挤出现有就业岗位。大学毕业生规模庞大、工作能力缺乏的矛盾突出，加之劳动力市场对学历、学校、性别的歧视以及工作搜寻成本高等问题，使这一矛盾更为尖锐。2021 年，我国有高校毕业生 909 万人、中职毕业生 500 多万人、退役军人 50 万人。据国家统计局的数据显示，2021 年 7 月和 8 月，我国 16—24 岁人群调查失业率分别达到了 16.2% 和 15.3%，约为我国城镇调查失业率的 3 倍，实际青年失业率可能会更高。青年失业率高不仅事关共同富裕，而且事关社会和谐稳定。要通过职业指导提升他们的求职能力，增加职业规划、职业体验、求职方法指导，增强青年的职场适应力。要通过职业培训，提升专业技能，拓展专项能力培训、新职业培训、以工代训；通过就业见习增加实践经验，提供更多管理类、技术类岗位的见习机会，不断增强青年在劳动力市场的竞争力。

随着人工智能技术的应用以及我国人口老龄化的加速到来，未来一个时期我国劳动力供需将发生较大变化，这将是一个长期性、趋势性的问题。大龄劳动者职业发展能力可能跟不上劳动力市场的变化和要求，要强化就业帮扶，加强人工智能对就业影响的跟踪研判和协同应对，有针对性地提升劳动者智能化技术通用技能。这一问题在制造业领域表现得尤为明显。一些劳动者老龄化趋势明显加快，特别是产业转型升级和自动化、智能化设备的广泛应用，使得大龄劳动者越来越难适应新的岗位；而许多年轻人不太愿意到制造业领域去就业，更倾向于一些工作比较灵活、工作强度相对较小、就业门槛相对较低的服务业领域，提升制造业等行业大龄劳动者的职业发展能力更为紧迫。

考虑到服务业劳动生产率水平低于加工制造业，越来越多的年轻人加入服务业，也会拉低整个社会的劳动生产率水平和财富创造，就业岗位的稳定性也将趋于下降，既不利于就业质量的提升，也不利于经济的高质量发展。

第四章

初次分配

初次分配主要指国民收入在市场机制下，按照劳动、资本、土地、知识、技术、管理、数据等各种生产要素在生产过程中的贡献进行分配，市场在生产要素配置中起决定性作用。初次分配是基础，能通过市场机制去实现。目前，我国在这方面的问题比较突出，在一定程度上制约着共同富裕的实现。

一、坚持分配正义

迈克尔·沃尔泽说，“分配是所有社会冲突的关键”，其一语道破了分配正义的核心价值。坚持分配正义，是实现共同富裕、促进社会和谐的首要问题。初次分配主要是通过市场机制去实现，再分配或三次分配主要是通过政府或社会主导实施。很多专家学者一谈到分配正义就想到政府主导的再分配，事实上，初次分配是国民分配的基础，初次分配不公平，再分配或三次分配很难扭转过来或者社会代价高昂，分配正义应从源头即初次分配抓起。

1. 分配正义首要的是坚持初次分配正义

古希腊哲学家亚里士多德在《尼各马可伦理学》中最早提出了分配正义的概念。分配正义有广义和狭义之分。广义的分配正义涉及财富、荣誉、权利等有价值的东西的分配，在该领域，对不同的人给予不同对待，对相同的人给予相同对待，即为正义，这里的分配正义，就是指给每个人以其应得。我们在这里探讨的是狭义上的分配正义，即经济财富的分配正义。分配正义是最公平也是最朴素的法则，近乎公理，一直为人们所推崇和认可，是千百年来中西方不同国度、不同民族一直追求的价值理想。即使在当代，分配正义仍然是政治伦理的核心话题和极其重要的社会命题。但它同时又是最难以落实落地的一个法则。实现分配正义既需要充足的社会根基，批判虚幻的平等乌托邦，又需要根除中国传统等级分配制的弊端，反对任何形式的分配不平等的各种变种。孔子“不患寡而患不均”的思想在中国根深蒂固，事实上是一种虚幻的平等乌托邦。荀子的“等级分配制”[①]也有一个致命的缺陷，它以压制普通老百姓的

---

① 在荀子看来，按照人的本性，凡人都有“好利”之欲求，而且人的欲求是无限的，但是人们所追求的物质财富是有限的，这就产生了有限之物与无限之欲的冲突。由此，必然导致争论不止、财富穷尽。于是圣人就提

欲望来保证上层等级在经济、政治权力等领域分配的优势，这实际上是一种极不正义的分配。

分配正义里面的一个关键点，就是如何确保分配起点上的机会公平，如何实现分配过程中的程序正义。这些都事关初次分配领域的分配正义。中国是社会主义国家，因此在分配领域主要实行的是按劳分配为主体、多种分配方式并存的分配制度。在实行按劳分配的过程中，本身就会带来一定程度的贫富分化，但是这种差距必须有个限度，否则会影响整个社会的和谐与稳定。因此，与之紧密相连的一个分配原则是合理差别原则。按资本、技术、管理、土地等生产要素的分配，实际上是让生产要素所有者的所有权在经济上得到实现。谁掌握的生产要素多，谁就会在分配中多占一些份额，这样一来，就会更加拉大收入分配的差距。社会贫富差距不断拉大，除了按劳分配造成的合理收入差距外，更主要的恰恰是按生产要素造成的收入差距的迅速拉大。如果差距过大，超出了允许的合理差距原则，就会

出“制礼义以分之”，这里的“分”，从经济学角度看就是分配，从政治伦理学的角度看就是等级之“辨”。合而言之，就是等级分配方式。即把有限的财富按照等级实行有节度的分配，达到财富的多寡与等级相称，荀子也因此确立了等级的社会制度和等级道德。

影响社会的正常发展。

我国在确保分配起点上的机会公平和分配过程中的程序正义两个方面都还存在一些不足。究其原因，存在主观和客观两个方面的因素。主观上的原因我们后面再分析。从客观上讲，如何准确确定按劳分配的“劳”是一大难题。在每一劳动过程中准确测量劳动者劳动的质和量是相当困难的，同时在生产中哪些劳动转化为商品的价值，哪些未能转化，在现实中也很难测量，只能实行等级工资制，即在同一等级内领取同样的工资，这样很容易打压人的生产积极性。按生产要素分配是按照市场原则来进行的，它追求的是高效率和最大收益，各生产要素的贡献相对而言更容易测量，因而也更容易变现。因此，作为中国最主要分配方式的按劳分配面临被弱化的趋势：随着我们市场化改革的全面推进，多种所有制经济的共同发展，在现实生活中，并存的多种分配方式成了主角，本来应该成为主体的按劳分配反而处于配角地位。最终的分配结果是，资本、技术、管理等因素在分配中所占的比例远高于劳动所得。按劳分配被弱化、被边缘化的这种趋势，是造成当下分配正义困境的重要原因。在研究解决这一问题之前，我们需要对初次分配的特征进行全面深入的剖析。

2. 初次分配的特征分析

初次分配的总体特征是指国民总收入直接与生产要素相联系的分配。任何生产活动都离不开劳动、资本、土地和技术等生产要素，在市场经济条件下，取得这些要素必须支付一定的货币，这种货币报酬就形成各要素提供者的初次分配收入。它的一个突出特点是注重效率，按贡献进行分配。该贡献包括资金、技术、管理、生产资料、劳动力、信息、市场、营销等各种对创造利润有益的因素，谁能利用这些要素作出贡献，谁就能分到一杯羹。

初次分配是最基础的分配关系。我国实行的是以公有制为主体、多种所有制经济共同发展的基本经济制度，国民收入的初次分配是在国有经济、集体经济及非公有制经济的各企业中分别进行的。它们创造的国民收入，在初次分配中分解为三个部分：一是国民收入，以税金形式上缴国家，成为国家集中的纯收入，由国家统筹安排，在全社会范围内使用。二是劳动者劳动收入，以工资形式根据按劳分配原则分配给劳动者，由其个人支配和使用。三是企业或集体收入，国有经济中是以企业基金形式留归企业支配，用于企业发展生产、集体福利、职工奖励等方面；在集体经济中除企业基金外，还有一部分是以合作基金形式上缴集资单位，形成统一支配的集体收入；在非公有制企业中，这一部分收入则是以企业主收入形式归企业主支配。

初次分配注重效率，用以激发不同生产要素所有者追求高效率的投资热情，创造更多的财富，从而提高整个经济运行的效率。一般来说，衡量一国国民收入初次分配是否公平的主要指标是分配率，即劳动报酬总额占国内生产总值的比重，比重越高说明国民收入的初次分配越公平。国民收入的初次分配，直接涉及国家、企业（集体）和劳动者个人的经济利益。因此，在分配中必须采取各种正确的政策措施，统筹兼顾三方面的利益，注意经常调节三者的矛盾，以便更好地调动各方面的积极性。国民收入初次分配的公平性是整个社会收入分配公平性的基础，而劳动关系又是市场经济国家根本的社会关系，只有通过初次分配平衡了资本利益与劳动利益的关系，才能从全局平衡社会总体利益格局，进而促进经济和社会协调发展。中央强调初次分配也要体现公平，意味着人们不仅能从再分配中得到好处，在初次分配中也能保证自己的权利。

初次分配要解决的主要是货币资本的所有者与人力资本的所有者的利益分配问题，其不仅数额大，而且涉及面广。对于劳动者来说，初次分配主要是工资收入，是劳动者权益最核心的内容，它对劳动者最终可支配收入的贡献超过了 85%。如果能在初次分配环节减少收入差距，就不需要再分配、三次分配采取过大的调节力度。反之，如果初次分配导致的收入差距过大，再通过后续分配纠偏，要么纠不过来，要么社会成本高企，产生明显副作用，带来效率和公平的双重损失，甚至带来严重的社会问题。一些拉美国家出现的发展停滞现象即“拉美陷阱”，与收入分配不当有很大关系。那些国家在初次分配中丧失效率和公平，出现大量贫困和失业人群，政府为了获取选民支持，出台许多超出发展水平的高福利政策进行再分配，结果造成很高的财政赤字，出现财政和金融危机。

初次分配是在生产活动中，企业作为分配主体，将国民生产总值在国家、企业、个人之间进行分配，生产要素的提供与报酬的支付形成最基本的初次分配关系。在市场经济条件下，劳动、资本、技术、管理、土地、数据等生产要素的使用不是无偿的，对每一种生产要素都必须支付一定的报酬，这种报酬就形成各生产要素所有者和使用者的初次分配收入。各生产要素价格由市场供求关系决定，政府通过法律法规和税收进行调节和规范，一般不进行直接干预。在初次分配中，生产要素按对创造价值和财富的贡献大小参与收入分配，那些劳动付出更多尤其是掌握复杂劳动能力的人，以及那些掌握更多资本和先进技术、先进管理经验的人，就会获得更多的收入，由此产生的收入差距是必然的，也是应该被允许的。

3. 初次分配的认识误区

对于初次分配，在我国普遍存在以下几个认识误区。

一是主张经济自由主义思想，反对政府干预分配。经济自由主义的学术渊源是亚当·斯密的经济自由主义理论，现代（经济）自由主义又称新自由主义，是以哈耶克为代表人物，这一学派认为，市场是合理配置经济资源的最重要甚至唯一的力量，因而极端推崇自由市场经济，反对任何形式的国家对经济活动的干预。经济自由主义信奉市场原则，认为市场能够自动合理配置资源，而不同利益群体则从这种资源的最优配置中获取各自的市场利益。他们认为，初次分配是纯粹的市场行为，由其无形之手自动调节即可，因而将市场经济条件下的企业工资收入分配调节，片面地认为应该完全由市场机制调节，政府不用干预。经济自由主义的论调固然有其合理性，但是它显然忽略了一点，那就是占据经济主导地位的利益集团会通过控制政治议程的方式，制定符合其市场利益的公共政策，使得公共性国家制度为其集团或私人利益服务，而这种对公共政策的控制明显违背了社会公平正义。亚当·斯密讲，“请给我以我所要的东西吧，同时你也可以获得你所要的东西”“私利在看不见的手指导下汇聚成公益的思想”。[①] 不过，如果果真如此，天下也就太平了。现实情况是，以此为指导思想的西方国家普遍出现了贫富两极分化、社会撕裂，进而出现政治极化的问题，不仅出现了严重的经济问题，也导致重大的政治事件发生，社会动荡不安。

面对新的情况和问题，当今新自由主义已不同于传统的自由放任、反对国家干预的早期经济自由主义。其承认自由竞争不能自动得到保证，资本主义还存在一系列的弊端，如垄断政治、比例失调等，因而主张国家必然在一定程度上参与经济活动，但同时又反对国家直接干预企业的生产和经营，反对规定价格政策。这比早期提倡自由放任的经济自由主义又前进了一步，说明完全的自由放任和过多的政府干预都不利于经济发展。从初次分配领域看，即使是市场经济发达的国家，由于市场本身固有的能力边界，市场自身并不能保证公平分配，市场经济

① 亚当·斯密：《国民财富的性质和原因的研究》，北京：商务印书馆，1974 年，第 13–14 页。

自发运行的结果是优胜劣汰，完全由市场机制调节不可避免地造成贫富分化，弱势群体会失去生活的保障，与共同富裕背道而驰。

二是实施赶超型经济发展战略，片面追求效率、罔顾公平。与发达资本主义国家不同，处于后发地位的转型国家大多实行赶超型经济发展战略。受到赶超战略思维的影响，维护市场和经济发展成为转型国家的集中选择。因此，在追求经济发展速度的过程中，后发国家更加强调增强社会活力，调动社会成员的积极性，市场化的效率优先原则必然成为社会主流价值。长期以来，我国一直处于追赶西方发达国家的状态，长期人为压低经济发展的成本，包括劳动力以及能源、原材料、农产品等价格，实行低利率、低工资、低服务价格政策等，推行赶超战略的成果是以较快的速度建成了比较完整的国家工业经济体系。然而，推行该战略的过程所付代价也是极其高昂的，过密的资本构成抑制了劳动力资源丰富这一比较优势的发挥，依靠高积累率维持的经济增长扭曲了国民收入的分配，致使人民生活水平提高缓慢，创造的利润全部或大部分上缴，企业发展与其经济效益没有联系，严重束缚了劳动者的生产积极性，造成微观经济效率低下、人均收入水平较低、收入分配恶化、社会福利损失等问题。

尤为突出的是，中国用 40 多年的时间走完了西方两三百年走完的道路，遇到的问题扎堆出现，是一个“问题群”。我们没有像西方国家那样能够以时间换空间，西方两三百年遇到的问题，我们要用 40 多年的时间解决，完全靠市场显然无法完成，只能靠强有力的政府。所以，我国在初次分配领域的调节要充分发挥政府宏观调控的作用，用政府的力量去弥补市场的不足，强力推行正义的分配，强力约束非正义的分配，这样才能形成社会的普遍正义。

效率优先还是公平优先，无论哪种选择都有利和弊。西方国家走过的路也好，中国的历史发展经验也好，无论把哪一个作为优先选择的价值目标，都会让整个社会付出一定代价。因此，不同的发展阶段应该有不同的优先选择，这个就考验政府的宏观调控能力和掌控力，只有政府这只有形的手加强宏观调控，才能实现公平。我国首先要构建公平正义的分配利益格局，在分配原则上，必须坚持以按劳分配为主体、多种分配方式并存的分配制度。在初次分配中提高劳动报酬的比例，创造公平的法律政策环境，在行业企业层面开展集体协商来保证分配的程序正义。当然，政府要坚持分配正义，还可以通过再分配，引领和倡导三次分配等方式来进行。特别是在再分配领域，政府作用的空间就十分广阔，这一点我们将在下面的篇章中一一展开论述。

三是囿于长期资本短缺，政府“重资本轻劳动”。改革开放之初，我国一穷二白，人多钱少，劳动过剩、资本稀缺。为了促进增长、加快发展，衍生了户籍、土地财政、社会保险、税收、招商引资等一系列“资本友好型”制度。我们发挥劳动力成本低的比较优势，吸引大量外资，极大地促进了经济发展，有其历史合理性。但经过 40 多年的改革发展，我国经济发展水平迈入一个新阶段，老龄化、少子化加速到来，劳动年龄人口持续减少，农民工增速放缓、年龄快速增长，这是当前我国人口结构变化的重要特征。我国人口红利渐远，各大城市上演“抢人大战”，开始出现劳动稀缺、资本过剩的逆转，劳动的话语权提升。反观资本市场，出现了无序扩张、不正当竞争和垄断等现象，要素市场发育不完善特别是市场的垄断、分割、扭曲，在很大程度上阻碍了不同要素平等地参与分配，导致不合理的收入分配差距。无论是劳动的话语权提升，还是高昂的社会发展成本，特别是“推动全体人民共同富裕取得更为明显的实质性进展”的提出，保持对资本适度管制，坚持中国特色社会主义制度优势，约束资本的过度空转、过度流动、无序扩张，保障劳动者基本权益，已经成为社会普遍共识。当下，劳资力量对比正在发生微妙变化，我们应坚决摒弃低劳动力成本竞争理论，因为按此思想，财富永远无法分配到普通劳动者，其结果必然是两极分化，背离了共同富裕的目标。如果说我国在改革开放之初实施低劳动力成本竞争是不得已而为之，但长期实施则是明显的误用。如果发展生产力忽视劳动者的利益诉求，片面追求 GDP，就会重资本轻劳动。为了避免未来中国资本集团也像西方资本集团一样逃避国家责任，中国针对资本巨头的限制将更加严格，资本回报率将在一定程度上被压缩，这意味着中国的劳动者可以依靠劳动获取更高的回报，社会和劳动的关系将得到正本清源，实现马克思所讲的“让社会围绕劳动这个太阳旋转”。[①]

重资本轻劳动还表现在，将企业自主决定工资错误地理解为完全由资方或企业法人单方面决定工资。不少人认为，既然是企业自主决定，那么职工在企业工资收入分配过程中只能是被动地接受，分配完全由资方或企业法人单方面进行。其将企

① 《马克思恩格斯全集》（第 18 卷），北京：人民出版社，1964 年，第 627 页。

业自主决定工资异化为企业自行决定工资。此外，还有一种现象是，将职工的工资与企业的经营后果相联系，让职工为企业的经营后果承担风险，使拖欠工资合法化。这种理论打着工资与企业经营效益挂钩、工资能升能降的旗号，具有一定的欺骗性。工资是资本购买劳动力的价格，是资本为了赚取利润支付的成本。也就是说，工资与企业经营的好坏、与资本是否能赚取利润没有直接的关系。对企业来说，经营得好就赚钱，经营得不好就赔钱，连工资也支付不了，就得破产。正因如此，经济学家将资本的这种权利称作最后的“剩余索取权”，即资本只有在支付了各项成本和债务后，才有权拿最后剩余的那部分利润。这些错误认识的澄清，有助于建立健全企业工资的决定机制，遏制欠薪问题的蔓延。

二、收入分配的矛盾

我国初次分配领域的成就有目共睹。根据各种生产要素的边际贡献决定的要素价格来进行要素报酬分配，是我国社会主义市场经济初次分配的基本原则，这一做法可以优化生产要素的配置，提高生产效率，体现了效率优先的原则，也是高质量发展的本质要求。我国在多年的实践中摸索出了“市场机制调节、企业自主分配、职工民主参与、政府监控指导”的现代企业工资收入分配体制。当下，我国社会主要矛盾已经转化为人民日益增长的美好生活需要和不平衡不充分的发展之间的矛盾，收入分配的发展是不平衡不充分的领域之一，初次分配存在的问题十分突出，严重影响了共同富裕的推进步伐。

1. 调控乏力

我国政府调控企业工资分配的体制机制还很不完善，既有政府调控职责不到位、调控手段欠缺、调控力度不够的问题，也有调控方式不当、包揽过多、调控措施不配套的问题，至今仍然难以满足市场经济发展的客观要求，难以校正企业工资分配过程中的偏差，确保工资分配公平公正。[①]

最突出的一个问题是立法层次偏低。目前我国收入分配方面的法律文件只有《劳动法》，其对工资分配的规定比较原则。一些重要而具体的内容主要依靠政府颁布的政策法规作出规定，比如《最低工资规定》《集体合同规定》《工资支付暂行规定》等。与工资支付保障、集体协商等相关的法律均未出台，仅有部分规章对最低工资作了规定，立法层次低，缺乏权威性。

---

① 贾东岚：《国外工资收入分配政策》，北京：社会科学文献出版社，2018 年。

对劳动定额管理方面法律法规缺失，对于政府、行业协会、用人单位、工会组织各自在劳动定额标准的制定和管理方面如何发挥作用没有明确的规范，劳动定额管理工作几近失控。一些企业利用管理上的真空，随意提高劳动定额、确定计件工资单价、延长工作时间、取消艰苦岗位津贴和补贴，损害职工利益。对于垄断行业收入增长过快的问题，我国仍没有行之有效的监控办法。

2. 机制欠缺

我国缺乏正常合理的收入增长和调整机制，部分企业职工工资收入偏低且增长缓慢。收入的增长和调整机制，其实质是工资的决定机制。目前，我国还没有普遍建立与市场经济相适应的企业内部工资决定机制。工资集体协商目前不论是在制度建设上，还是在法律法规支持上，都远远不适应我国市场经济发展的要求。《劳动法》《劳动合同法》和《集体合同规定》对于市场经济条件下有效的工资决定机制——工资集体协商的规定，是选择性条款，不是强制性条款，对用人单位没有强制性，影响了其作用的发挥。尽管自 1995 年以来，政府采取了强有力的措施来推进工资集体协商，但仍在一定程度上存在协商双方组织缺位、代表性不足、谈判环节缺位、协议内容雷同、协商流于形式、效果不明显的问题。加之缺乏不同行业和企业的职位薪酬、人工成本相关信息发布机制，专业化的集体协商队伍建设不足等，我国的工资正常增长和决定机制缺少必要的外部支撑。

3. 秩序较乱

一是企业工资决定的随意性较大，职工在企业工资决定中缺少发言权。企业经营方单方面决定工资标准、工资支付方式、工资调整等问题比较普遍，其结果是一些企业经营方为了扩大企业利润，长期不增加工资甚至随意压低工资。各类经济组织存在同工不同酬的情况，只要是农民工、临时工等非正式工，其工资都明显低于正式工。此外，不少用人单位在支付加班工资、婚丧假和病假工资以及试用期、见习期、实习期工资时没有标准，随意定薪，普遍压低应付工资。二是部分企业的工资结构不合理。在企业内部工资制度改革中，许多企业把职工工资分为固定部分和浮动部分（“活工资”）两部分，随企业经济效益上下浮动。一些企业在制定工资制度时有意降低固定部分，把“活工资”与企业经济效益挂钩，一旦企业效益不好，职工只能拿到很少的固定工资。三是最低工资作用异化，损害职工收入分配权益。最低工资本来是指职工提供正常劳动后，用人单位应付给职工工资的最低线。但在实践中大量企业却歪曲其含义，将最低工资标准作为本企业员工的一般工资标准甚至将其作为压低职工工资的手段。一些地区因为经济利益等多方面因素，最低工资标准本来制定得就偏低，有的企业却将其作为职工实际工资的支付标准，“最低工资最高化”，使职工难以共享经济发展的成果。四是工资支付失范，部分用人单位侵害劳动者薪酬权益，虽然国家加大了打击拖欠工资的力度，但这类问题仍时有发生，拖欠职工工资问题没有从根本上得到解决。

4. 收入差距过大

从我国的情况看，区域差距、城乡差距、行业差距、雇佣关系类型不同导致的差距等是我国收入差距的主要表现形式，而这些差距都与要素市场不健全不完善有关。生产要素中资本相对劳动力的强势地位、劳动力市场的就业歧视等，都会使收入分配恶化。从行业之间看，一方面，部分垄断行业收入偏高，一些垄断行业凭借其垄断地位所获得的超额利润，使其工资收入水平居高不下且增长势头猛烈。2020 年，我国 38 家上市银行的利润占了所有 A 股上市公司利润的 42%。另一方面，一些竞争性行业如制造业、服务业的工资水平，却普遍较低且长期得不到增长，两者的差距越来越大。全总第八次职工队伍状况调查发现，在 19 个行业门类中，城镇单位就业人员平均工资最高行业是最低行业工资的 3.59 倍。[①] 从企业内部看，经营者与普通职工收入差距过大也是目前一个比较突出的问题。目前，企业经营者与普通职工的工资差距有逐步扩大的趋势。在国有企业，随着经营者年薪制的实行，经营者与普通职工的收入差距不断扩大。一线职工工资收入普遍较低且增长缓慢，欠薪问题的存在进一步加剧了初次分配的矛盾。从衡量贫富差距的基尼系数看，我国基于收入计算的基尼系数 2019 年约为 0.46，虽然各方专家测算的数据有差异，但中国的基尼系数已在国际公认的警戒线 0.4 之上，而美国为 0.48，欧洲各国普遍在 0.3 左右。中国收入分配中“前 10% 收入群体的人均实际收入”是后 50% 群体的 14 倍，这一比例远高于法国（7 倍），略低于美国的收入差距水平（18 倍）。中国低收入群体占比还相当高，中国月收入低于 2000 元的人口约 7.1 亿人，占总人口（14.11 亿人）的一半以上。对过快过大的收入分配差距和对分配不公的不满造成部分职工心理失衡，影响职工对改革开放成绩和社会的正确评价，在一定程度上造成了社会成员之间，尤其是低收入与

---

① 《在实现“两个一百年”奋斗目标和中国梦中作出工人阶级新贡献——第八次全国职工队伍状况调查总报告》,《中国工运》, 2018 年第 1 期。

高收入群体之间的摩擦和矛盾，社会离心力增大，加剧社会震荡。初次分配问题不仅是一个经济问题，还是一个社会和政治问题。西方一位研究东欧国家的学者曾言：争夺面包的权力和争夺宪法的权力具有同等的政治价值。

5. 财富鸿沟的出现

2019 年 10 月，中国人民银行调查统计司对中国城镇家庭的资产负债情况进行了专项调查。调查发现，中国最富有的 10% 家庭的资产总和，占到全社会总资产的 47.5%。前 20% 家庭的资产，占到社会总资产比例的 63%。而底层 20% 的家庭，占比仅为 2.6%。中国已跃居世界第二大经济体，并有可能在未来 10 年之内超越美国成为第一大经济体，但中国经济内部发展不平衡问题始终未得到根本解决。2020 年，广东、江苏这两个经济发达的东部沿海地区经济总量均超过 10 万亿元，而宁夏、青海和西藏这些地区的经济总量不到 4000 亿元。改革开放以来，随着经济的发展，我国居民家庭积累的财富迅猛增长，但财富差距也在不断扩大。据估计，2019 年我国长年累积的财富基尼系数为 0.702，虽然远低于美国的 0.852，但明显高于日本的 0.626。巨大的贫富差距会带来社会不公、效率降低，并引发越来越多的社会问题。

6. 初次分配结构失调

从宏观分配上看，与市场经济成熟国家相比，中国的初次分配存在着资本所有者所得偏高、财政收入大幅增长、劳动所得持续下降的局面。中国亟须提高劳动者尤其是农民、农民工及城市工薪者的劳动报酬及福利待遇，让劳动者所得在 GDP 中所占比重达到 50% 以上，并适当降低资本所有者的回报，同时控制财政收入的增长步伐，彻底打破行业垄断，真正体现初次分配中的按劳分配与按生产要素分配的原则。此外，中国的低收入者往往只有自身的劳动力可以作为获取财富的来源，而富有者除了劳动力，还有资本可以获取财富。提高劳动报酬在初次分配中的比重，将使那些只能凭劳动力赚取收入的低收入者更多地分享到经济发展的果实。只有低收入者在经济发展过程中的收入增长快于富人，中国的贫富差距才可能缩小，避免不断扩大的收入和财富差距对中国未来发展造成威胁。

三、强力破题初次分配

初次分配领域的问题由来已久，涉及全体国民的根本利益，解决起来绝非易事，需政府、企业、工会、用人单位协同发力，法律、政策、管理、监察多管齐下，在深化改革、促进发展中积极稳妥地加以解决。

1. 突出劳动要素和数据要素在初次分配中的作用

从理论分析看，初次分配是国民分配中的基石，按劳分配是初次分配中的主体。社会财富生产出来以后，在政府、企业、个人之间分配要有一个合理的结构。其中，最关键的就是劳动者的报酬要提高。如果劳动者的报酬偏低，那就不利于创富。在人类的分配关系史上，按劳分配理论第一次声张了工人阶级的权利，按照有利于劳动者利益的原则进行个人收入分配，具有划时代的历史意义。劳动力在各生产要素中是最活跃的，土地、资本只有通过劳动力才能激活与运转，技术、数据等，可以说是复杂劳动的派生产物。只有当从法律、政策、体制、机制和工作等方面，切实保障劳动要素真正以主体地位进入分配领域并左右分配格局时，按劳分配为主体、多种分配方式并存的分配制度才能有效实施。按劳分配要求凡是有劳动能力的人都必须参加劳动，以劳动作为分配个人收入的共同尺度，承认劳动者在劳动报酬上的合理差别，鼓励多劳多得、勤劳致富，体现了劳动者在分配领域中的平等关系。公有制和按劳分配是实现共同富裕的保证。多年来，我们把公有制为主体、多种所有制经济共同发展作为基本经济制度。党的十九届四中全会的一大创新，就是在此基础上把按劳分配为主体、多种分配方式并存和社会主义市场经济体制上升为基本经济制度。这三项制度都是社会主义基本经济制度，三者相互联系、相互支撑、相互促进。

从实践推进看，政府要推进要素市场改革，健全生产要素由市场评价贡献、按贡献决定报酬的机制。突出劳动要素的作用，着重保护劳动所得，增加劳动者特别是一线劳动者劳动报酬，保证劳动者在提供正常劳动的前提下获得合理的基本收入。针对我国存在的问题，政府要减点税，企业要让点利，最终都加到劳动者身上去，按照实现共同富裕的要求，把劳动报酬在初次分配中间所占的份额提高到 60% 左右。政府的让税是有限的，企业的让利也是有限的，破解之法就是用创新技术促进产业升级、通过技能培训提升劳动者的素质。因此，提高劳动者的报酬应该有差别性，要给科技创新人员、技术工人足够的回报。要尊重人力资本价值，加强知识产权保护，提高科研成果转化和智力资本收益。全面贯彻落实以增加知识价值为导向的收入分配政策，探索科技人员职务科技成果产权激励制度，开展赋予科技人员职务科技成果所有权或长期使用权试点，让科技项目研发与科技人员受益直接挂钩，激发科技人员的积极性、主动性、创造性。只有这样，才能实现劳动生产率提高和劳动者报酬增加的良性循环。同时，要提高产业工人和一线普通劳动者的收入，尤其是当今许多年轻人宁愿送外卖也不愿意当工人，如果再不提高，这些活就没人干了。要防止社会阶层固化，畅通向上流动的通道，给更多人创造致富的机会，形成人人参与的发展环境，避免“躺平”和“内卷”。

从新一轮科技革命和产业变革看，传统生产要素和新生产要素之间的地位和作用将发生改变，劳动力、土地等传统生产要素的地位将相对下降，而技术、数据等新生产要素的重要性将大幅提升，特别是数字经济发展起来以后，数据规模、数据加工能力、数据治理体系正在成为市场竞争的制高点。要高度重视和提升数据要素在初次分配中的地位，加快培育数据交易市场，明确数据要素参与收入分配的权属和保护问题，构建与数字经济相适应的收入分配体系，让数据所有者获得应有收益。由于掌握数据内容、数据采集、数据分析等各环节的参与者不同，数据要素参与收入分配问题时需要兼顾各方利益，特别是数据采集者、加工者与内容所有者的产权确认。要坚持以市场化机制确定数据要素价格，形成一套较为完善的分配方案，既为全民共同富裕开辟新的增长点，同时又能有效促进数据的高效利用，推动我国产业的转型升级。

2. 强化政府对初次分配的宏观指导和调控

通过借鉴和吸收国外有益经验，进一步改进和完善我国政府宏观调控企业工资分配的体制机制框架及内容，理顺市场决定与政府调控之间的相互关系，明确政府调控企业工资分配的功能和作用，探索增强政府调控合理性、及时性、有效性的途径与方法，从而使企业工资分配在市场机制和政府调控的共同作用下，更好地实现公平公正的目标。

一是建立薪酬及人工成本信息指导和服务体系。这是市场经济国家普遍采用的有效的间接干预政策。职位薪酬及人工成本相关信息的调查与发布，是政府对企业工资宏观调控的最基础工作。我国的全国薪酬调查目前尚处于试调查阶段，有关信息发布工作也在研究之中。为了更好地解决劳动力市场信息不对称的问题，为劳资双方提供信息分享和指导，应借鉴国外成熟做法，完善目前的薪酬调查工作，组建专职薪酬调查员与兼职薪酬调查员相结合的统计调查队伍，认真开展企业薪酬直接调查；尽快完善调查程序，提高数据质量，从源头上确保数据资料真实可靠；建立包括各类企业工资、职业薪酬、人工成本、工作时间、劳动生产率等重点经营指标在内的相对完整的企业工资分配统计指标体系。政府部门要在对各项基础数据统计加工的基础上，定期向社会公布，加强对企业微观收入分配行为的指导。同时，在年度调查的基础上，还应增加季度和月度相关信息，为企业开展工资集体协商或人力资源管理提供服务，也为国有企业职工薪酬管理、公务员薪酬管理提供数据参考。

二是进一步加强国有企业薪酬管控，对于纯国有企业职位，均与公务员或私营企业相类似职位薪酬对接，或低于私营企业的薪酬水平。各级国有资产管理部门要加强对企业经营者年薪的确定和考核，使经营者年薪与企业职工工资增长保持适当比例关系。对于国有企业职业经理人的薪酬管理，专门研究出台有关规定。对部分垄断国有企业职工薪酬过高或不规范现象出台公平合理的薪酬管控措施，可借鉴国外在国家薪酬调查数据分析的基础上，与私营企业同类行业或职位对比确定国有企业员工薪酬。深化国有企业工资决定机制改革，加大对垄断行业和国有企业的收入分配管理，对一些垄断性行业，鼓励公平竞争形成平均利润和平均收入。整顿收入分配秩序，清理规范不合理收入，着重清理借改革之名变相增加高管收入等分配乱象。深化事业单位特别是高校科研院所绩效工资改革，探索知识、技术、管理、数据等要素价值参与分配的价值实现形式，赋予其更大的收入分配自主权、科研人员职务成果所有权和发明使用权，提高科研成果转化分享收益比例。建立公务员和企业相当人员工资水平调查比较制度，落实并完善工资正常调整机制。

三是进一步加快市场化改革，在完善土地市场、资本市场、劳动力市场方面下更大的力气。破解一些部门不愿意放弃自身的垄断利益，利用部门的影响力延迟市场化改革进程，或只是选择更加有利于部门利益的“改革方式”、极力抵制不利于部门利益的改革方式的沉疴痼疾。完善对垄断行业工资总额和工资水平的双重调控政策，防范垄断部门的垄断收益和企业利润转化为部门职工的收入和福利，有效缩小行业收入差距。对敏感领域准入划出负面清单，加强反垄断监管。规范资本性所得管理，加强对金融大鳄、寡头企业家、演艺明星和球星、垄断行业从业者等高收入群体收入的监管，遏制垄断收入、灰色收入、不合理收入。2021 年 2 月，国务院反垄断委员会印发《关于平台经济的反垄断指南》，首次对平台经济滥用市场地位等垄断行为的界定、执法等一系列焦点问题作出明确界定，这实际上是为初次分配的公平所作的努力。在此基础上，要着力提高中等收入群体的比重，研究实施中等收入群体倍增计划，巩固拓展脱贫攻坚成果，促进农民农村共同富裕，全面推进乡村振兴，推动更多低收入人群迈入中等收入行列，力争到2035年中等收入者规模从目前的4亿人达到7亿人，到2049年超过10亿人。

四是探索与其他收入分配手段相结合。国际劳工组织发布的全球工资报告中提出，各国在工资选择上，除了以最低工资政策、集体谈判为主流的工资政策选择之外，应与税收调控、就业政策、社会福利政策结合起来，起到互补、协同的收入分配调控作用。为低收入行业企业减免一定比例的企业所得税，为特殊群体岗位提供一定的就业津贴，等等，在一定程度上既可以提高企业扩大再生产的能力，又给予了员工收入增长的空间。同时，通过持续大规模培训拓展技术工人上升通道，畅通非公有制经济组织、社会组织、自由职业专业技术人员职称申报和技能等级认定渠道，提高技能型人才待遇水平和社会地位。此外，收入和财富是可以相互转化的，没有进入消费过程中的收入可以转化为财富，如房产、股票、债券、基金等，财富的使用又可以带来增值收入，如房租、股票、债券、基金等投资收益。对财富差距进行适度调节是国际惯例，要在财富分配上做文章，把财富差距控制在合理区间，改善财富分配格局。整顿好收入分配秩序，清理规范不合理收入，清理借改革之名变相增加国有企业高管收入等分配乱象。坚决取缔非法收入，坚决遏制权钱交易，坚决打击内幕交易、操纵股市、财务造假、偷税漏税等获取非法收入行为。

3. 完善企业与职工共同决定工资的机制

财富的生产过程是一个各类生产要素之间的合作过程，各类要素尤其是劳动与资本之间能否构建和谐稳定的合作关系，必然影响到各行为主体之间的合作效率。财富的分配过程也是各经济主体之间的谈判过程，能否建立平等和谐的谈判关系必然影响各主体之间的协商效率和分配结果。劳动产权是人类社会一切其他产权的基础。马克思认为，劳动是生产的真正灵魂。[①] 我国实行的是社会主义市场经济，公平正义是财富分配的价值导向。应促进劳动者、资本方等各类要素所有者共享企业发展成果，打破资本所有者对企业剩余索取权的垄断。加快构筑工资集体协商机制，结合企业法人治理结构改革，形成由劳资双方而不是企业行政单方面决定工资的机制，规范微观分配秩序。

要深入推进符合中国特色的集体协商工作。有关劳资协商中的主体代表、程序、争议调解或仲裁等方面的工作需要进一

---

① 《马克思恩格斯全集》（第 3 卷），北京：人民出版社，2002 年，第 311 页。

步加强，有关谈判技巧和相关宏观、微观信息数据应及时提供给公众，并开展各种政策法律咨询、举办培训班等，着力提升集体协商的质量和实效，突出抓好行业集体协商，加强专业人才队伍建设并探索建立集体协商工作评价制度。要不断完善职工工资水平决定机制、正常增长机制、支付保障机制，健全企业工资集体协商制度，通过企业与职工代表或者工会进行平等协商来共同决定工资分配，这是企业自主分配权中应有的含义，要把平等协商共决作为企业分配的形式，促进劳动者工资随个人技能和贡献、经济增长和物价水平同步增长，让劳动者的腰包鼓起来。当前，要重点针对平台企业的算法规则的形成，在集体层面进行讨论，通过民主管理或者集体协商的方式进行确定。为了保证协商和参与结果都公平合理，平台企业应为开展民主管理或者集体协商提供必要的数据和信息，为维护平台的利益，工会和劳动者也应为此信息承担严格的保密义务。

4. 加强工资分配立法和执法监察力度

一是完善工资收入分配相关法制建设。要通过立法，建立保障职工正常获取合法劳动收入并能够维持其生活的一系列制度。亟须建立包括《工资法》《基本劳动标准法》在内的一系列法律，从法律上明确工资确定、工资支付、实际工资、扣除工资、工资债权优先的保障等相关工资保障的内容。从国家层面颁布《工资集体协商条例》《最低工资条例》，明确现行有关工资分配法规政策未涉及或未明确的问题，提高立法层次，使各地和企业有法可依。

二是加强劳动定额的管理。充分发挥行业协会、工会和相关专业技术组织的作用，提出科学划分和测定劳动时间的原则和方法，分行业分工种研究制定劳动定额标准，提高劳动定额的技术经济合理性。制定应用管理劳动定额的方法，研究增加有效劳动时间，减少或消除无效劳动时间和损失时间的途径和措施，提高工时利用和充分发挥人力资源的潜力。严防平台用工企业将劳动定额标准的制定和管理，演变成为计算奖金的工具和鼓励职工违反工艺规程作业、片面追求产量、“拿命换钱”的手段，更不能将其发展为经营者盘剥职工工资的工具。

三是加强劳动保障监察。政府主管部门要通过日常巡视检查、专项大检查、投诉举报专查和劳动用工年检等方式，进一步加强对企业工资分配和劳动工资标准执行情况的专项监察，进一步规范企业工资收入分配行为，切实保障职工的收入分配权益。重点查处拖欠工资、违反有关规定支付加班工资、随意延长劳动时间、违反最低工资规定等损害职工工资分配权益的突出问题。进一步对少数垄断行业和特殊行业的国有企业加强监督检查，可适当控制其工资总额过快增长，剔除非劳动因素带来的收入增长，引导其一般职工收入水平与劳动力市场价位接轨，逐步规范其收入等办法，解决这些行业企业收入增长过高过快的问题。加强对工资集体协商制度建立情况的监督检查，对于拒不与企业职工方进行工资集体协商或故意拖延协商的企业，政府有关部门应依法严厉查处。明确政府、工会、职工等在企业工资分配监督管理方面的权利和义务，从各自不同角度加强监督检查，促使企业依法分配，及时发现和纠正企业工资分配中的犯法行为。

第五章

再分配

再分配又叫二次分配，是指政府根据法律法规，在初次分配的基础上通过征收税收和政府非税收入（如社会保障等），在各收入主体之间以现金或实物进行的收入再次分配过程，旨在维护公平、调节初次分配差距、提高居民可支配收入占国民可支配收入的比重。再分配能力已经成为衡量现代国家成熟与否的重要标志，这一点对于转型国家而言尤其重要。2021 年 12 月，中央经济工作会议明确提出，要发挥分配的功能和作用，加大税收、社保、转移支付等的调节力度。再分配在助推共同富裕方面的作用进一步凸显。

一、国家权力强制

税收、社保、转移支付是再分配的主要调节手段，其性质特点与初次分配相比，在主导力量、运作机制、目标取向等方面有诸多不同。从推动共同富裕的视角看，再分配有以下几个特点。

1. 政府主导

在现代社会，政府是再分配最重要的主体，这是再分配的突出特点。纵观历史，任何强国发展到一定阶段，必定会搞内部再平衡，改善再分配，以此来减少贫富分化。无论是我国明朝的一条鞭法、清朝的摊丁入亩，还是美国的罗斯福新政，本质上都是一个道理。市场本身从来没有也不能产生所谓的“涓滴效应”，必须发挥政府之手的作用。奥肯指出，不能让市场裁决人的生存与死亡。单纯的市场机制容易导致两极分化，在两极分化的格局下，尤其要注意贫困的代际传递，也就是累积性的世代贫困问题，这一问题久而久之会导致阶层固化，激化社会矛盾。

与初次分配不同，再分配中起主导作用的是政府。失业、灾难、养老等一些关系到大多数人切身利益的风险，个人或家庭无法承担，必须由政府强制全社会来承担。初次分配其实就是给不同要素使用权定价，企业若希望某种要素发挥更大作用，那么就得为其支付更高的对价。再分配也是如此，人们若希望政府提供公共服务，那么就得给政府缴税。征税之所以具有强制性，是因为你享受了公共服务，必须支付对价。征税、转移支付是政府的责任，实施社会保障也是政府主导，从世界各国情况看，政府有兜底责任，而且主要是中央政府的责任。政府的再分配政策对调节居民收入差距具有关键的作用。在市场机制的作用下，由于人们所拥有的禀赋不同、对生产要素的占有具有差异，按生产要素分配必然会带来社会成员收入上的差距。收入结构的失衡会导致消费结构的失衡，最终影响经济总量的增长和经济结构的平衡，反过来又会影响企业的效率。所以，再分配要充分发挥政府的调节功能，限制社会各类人员之间收入差距过分悬殊，通过税收、财政转移支付等政策措施，使高收入者个人、阶层、行业或机构的一部分收入再转化为社会的收入，并使低收入阶层成为再分配的主要获益者。

2. 突出公平

公平是再分配的标签。效率与公平是一对矛盾体，如果完全按效率原则进行分配，必然会产生较大差距，与公平原则相矛盾，不符合社会主义本质的要求；但分配越平均，效率越低，这也不符合社会主义本质的要求。强调初次分配注重效率、再分配注重公平，则将二者辩证地统一起来。初次分配效率优先，适当拉开收入差距，对社会贡献越大收入越高，这本身也体现了公平；再分配注重公平，照顾到了大多数人的利益，有利于普遍调动劳动者的积极性，这时公平也是一种效率。这样，政府按照初次分配注重效率的原则，制定路线方针政策，促进企业生产效率的提高和国民经济的迅速发展；按照再分配注重公平的原则，通过强化政府在收入再分配中的主导作用，理顺分配关系以控制收入差距，制定相关法律以营造公平竞争的环境，健全以养老、医疗、伤残为主的社会保障制度，积极扩大就业和再就业渠道，从而为经济持续健康快速发展奠定稳定的社会基础。

除了公平的目标外，再分配也通过教育、健康等基本公共服务的提供创造机会平等的环境，以提升社会经济发展的可持续性。尽管阶级差别从来没有消失，但就基本权利而言，全体公民至少在理论上是平等的，他们都有权要求改善自己的福利。本着公平的理念，以公民权为基础的再分配，其目的是为所有公民提供最低生活质量的保障，包括收入、教育、就业、医疗、住房等。再分配的真正意义在于去商品化，一个彻底商品化的社会是反人性的社会，高扬公平公正大旗的再分配，说到底是人性的体现。

3. 政策效应显著

再分配对调节收入差距具有显著效应，从而应当成为当前扎实推进共同富裕的重要抓手。税收是国家实施宏观调控的重要经济杠杆之一，适度的宏观税收水平、科学合理的税制结构和税收制度、规范的税收政策，可以有效调节国民收入再分配，促进生产要素流动，引导资源优化配置，促进经济增长和产业发展。转移支付是进行收入再分配的一种重要方式，对于我们这样一个地区差异较大的国家来说意义重大。转移支付的目标是逐步调整各地区之间的横向不平衡，平衡不同区域之间的可支配财力，促进各地方政府财政能力均等化。此外，转移支付还可以直接缩小居民的收入分配差距，缩小地区间经济发展的差距，促进区域间的均衡发展。

社会保障是对财富进行再分配的一个根本性的制度安排，在现代社会中，社会保障已经被公认为一项基本人权。也就是说，每一个社会成员，无论其职业、身份、地位、居住地和社会贡献，均具有同样的社会保障权益。这既是国际社会的共识，更是共同富裕的基本要求。社会保障的再分配机制具有综合性和复杂性，伴随着社会保障基金规模和覆盖人群的不断扩大，要高度重视和准确定位社会保障的再分配功能。在相同的参保条件下，不同参保劳动者的养老金待遇水平差距会小于其在职时工资的差距；养老保险制度劳资双方缴费、劳动者单方受益的特点意味着其在劳资之间进行了再分配；养老保险统筹层次的不断提高意味着在不同区域之间进行了再分配；养老保险现收现付的财务模式意味着在代际之间进行了再分配，从而具有多重的再分配效应。伴随社会保障制度的不断健全，其对社会财富分配格局可以产生直接且重大的影响，可以使初次分配及历史积淀的收入差距得到实质性缩小。社会保障同时也是化解国民社会风险的有效制度安排，没有社会保障，不要说共同富裕，我们每一个人都将生活在不确定的风险之中，根本谈不上什么幸福感、安全感。在政府的收入再分配工具中，政府通过各种社会保障支出项目对低收入人口的收入转移，其收入分配效应远远超过政府对居民课征个人所得税。在政府收入再分配政策效应中，收入转移和个人所得税占比分别为 80% 和 20%，我国与发达国家在这一点上没有显著差异。

再分配具有通过国家权力强制进行的特征。中国是实行中央集权制的国家，社会动员力量强大，无论是再分配政策的制定还是实施，效率都很高，具有明显的体制优势。我们的基本养老保险制度、医疗保险制度在短短一二十年中进行了系统的制度重构，改革涉及的人数之多、力度之大前所未有，成效举世瞩目。反观美国，其医保法案却几经反复。美国是发达国家中唯一没有实行全民健康保险的国家，按人均支出计算，美国的医疗费用远远高于其他国家，但它的健康指标却大大低于多数欧洲国家；其少数民族的健康指标甚至低于一些第三世界国家。奥巴马政府多年来费尽周折，好不容易制定的“全民医保”法案，特朗普政府一上台就予以推翻。由此可见，我国具有社会主义制度集中力量办大事的优势，再分配在推进共同富裕的进程中理应发挥举足轻重的作用。

需要指出的是，再分配应当满足人民的基本需要，包括生物学的需要、体面生活的需要、自我发展的需要，用以提高共同承担风险的程度。但是，我们既不可能也不应该通过一个再分配机制来掩盖经济发展和初次分配中的一些更重要的问题，因此，对税收、社会保障等也不能寄予不切实际的预期，必须规模适度、待遇适当，与经济社会发展水平相适应，过高过低都不可取。

二、社会主义的新税制

我国高度重视税收、转移支付和社会保障制度体系的建设。马克思指出，“赋税是政府机器的经济基础，而不是其他任何东西”[①]“国家存在的经济体现就是捐税”。[②]我国的税收制度是经济

① 《马克思恩格斯全集》(第19卷)，北京：人民出版社，1963年，第44页。

② 《马克思恩格斯全集》(第4卷)，北京：人民出版社，1958年，第366页。

体制的重要组成部分，与经济体制的发展变化密切相关。随着社会政治经济条件的变化，我国税收制度也在不断进行调整和改革，目前已基本建立了符合社会主义市场经济体制的新税制，在再分配方面发挥着重要的作用。近年来，我国财政转移支付快速发展，特别是自 1994 年我国实行分税制以来，财政转移支付政策工具的使用获得了巨大进步。中央对地方的转移支付数额已有相当规模，转移支付形式日趋多样化，包括体制补助（或上解）、专项补助、结算补助（或上解）、税收返还、公式化补助等。省对省以下政府的转移支付制度逐步形成，大部分省、自治区、直辖市把县级辖区作为转移支付的主体。中央转移支付资金分配主要面向财力相对薄弱的中西部地区，有效地弥合了地区发展的不平衡。

我国社会保障思想与实践具有鲜明的本土性特征。从春秋战国时期诸子百家起，大同思想、民本思想、仁政思想、宗法思想、重农思想、均齐思想、互助思想等一脉相传，影响深远。同时，中国自古以来就有保障民生、免除祸乱的丰富社会保障实践，包括荒政、济贫、居养、优抚，以及家族与邻里照顾、民间慈善等。可见，中国的社会保障拥有源远流长的思想基础和实践基础。

中国共产党是一个马克思主义政党，坚持以人民为中心是其立党的思想根基。党自成立之日起就始终关注劳苦大众，关注民生改善和社会保障。在中国共产党百年奋斗历程中，社会保障的政策主张与探索实践一直是一项重要内容，也构成了现代化国家建设的有机组成部分。社会保障理念在中国的出现及其政策项目的形成，并非由“工业化的逻辑”所推动，也不是由劳动关系矛盾冲突造成的社会压力推进的。相反，它与共产国际的影响和中国共产党进行社会改造的理想密不可分。

1922 年，《中国共产党第二次全国代表大会宣言》提出了设立工厂保险等改善工人待遇的主张。同年 8 月，党领导的中国劳动组合书记部颁布《劳动法案大纲》，阐述了劳动保险（现称为社会保险）制度的建立程序和筹资原则。1925 年 5 月，党领导召开的第二次全国劳动大会通过《经济斗争的决议案》，提出“应实行社会保险制度”。20 世纪 30 年代，伴随革命政权在局部区域建立，党立即将原先的社会保障政策主张付诸实践。1931 年 11 月，中华苏维埃共和国临时中央政府成立，组建了劳动人民委员部，内设社会保险局。颁布《中华苏维埃共和国劳动法》，于 1933 年修正并重新公布，其中专门规定了社会保险的内容，形成了革命政权控制区域社会保障的框架雏形。

1944年，冀鲁豫边区政府出台了《劳动保护暂行条例》，随后东北解放区也在1948年颁布了《哈尔滨特别市战时暂行劳动法大纲》。东北解放区率先实行劳动保险制度，成为党领导社会保障体系建设的第一次大规模实践。1948年12月，根据党中央指示，东北行政委员会颁布实施《东北公营企业战时暂行劳动保险条例》。这些社会保障实践的出现并不具备使之流行的阶级基础和经济基础，其体系发展的内驱力和客观要求不足，但它对劳动者保护的思想和理念以及具体的社会立法实践，为后续中国社会保障体系建设特别是新中国成立之初的社会保障制度体系框架的建立，积累了宝贵的经验，提供了早期思想和政策来源。

中华人民共和国成立之际，国家一穷二白，民生凋敝，百业待兴。在恢复经济、稳定社会的同时，党中央提出实行劳动保险制度，保障劳动群众基本权利，增进社会福利的主张，1951年2月26日，中央人民政府政务院（国务院的前身）颁布《中华人民共和国劳动保险条例》，规定了工伤待遇、疾病和非因工伤残待遇、死亡待遇、养老待遇、生育待遇五类待遇，该《条例》是新中国第一部社会保障法规，奠定了社会保障制度的框架基础，具有重要的历史意义。20世纪50年代，与企业实行劳动保险制度相对应，国家机关和事业单位逐步建立了退休养老制度、公费医疗制度等公职人员保障制度。至此，我国逐步建立了与计划经济体制相适应、以城镇职工单位保障为主要特征的社会保障制度。20 世纪 50 年代中后期，我国建立了农村“五保”供养制度，部分农村地区自发举办了合作医疗，形成了农村社会保障的雏形。20 世纪 60 年代前半期，我国社会保障体系在扩大制度覆盖范围、细化工龄计算政策等方面进行了补充和完善。从 20 世纪 60 年代后半期开始，农村合作医疗逆势兴起，取得了显著的进展，吸引了世界关注的目光。

在改革开放进程中，为适应从计划经济体制向社会主义市场经济体制转轨的要求，我国稳步推进各项社会保障制度改革，社会保障在党和国家事业发展全局中的地位不断强化，逐步发展成为一项重要的社会经济制度。从 20 世纪 70 年代末至 20 世纪末，与国有企业改革同步，我国逐步建立了企业职工养老保险、医疗保险、失业保险、工伤保险和生育保险制度，搭建了社会保险制度的基本框架。在这一时期，具有标志性的政策文件包括《国务院关于安置老弱病残干部的暂行办法》（1978 年）、《国务院关于工人退休、退职的暂行办法》（1978 年）、

《国务院关于企业职工养老保险制度改革的决定》（1991 年）、《企业职工生育保险试行办法》（1994 年）、《企业职工工伤保险试行办法》（1996 年）、《国务院关于建立统一的企业职工基本养老保险制度的决定》（1997 年）、《国务院关于建立城镇职工基本医疗保险制度的决定》（1998 年）、《失业保险条例》（1999 年）等。进入 21 世纪，着眼于“城乡统筹”，社会保障覆盖范围逐步从城镇职工扩大至农村居民和城镇居民，回归到了社会保障“覆盖全体国民”的本义。在养老保险领域，企业职工养老保险制度在试点基础上得到完善，建立了新型农村社会养老保险制度、城镇居民社会养老保险制度。在医疗保险领域，建立了新型农村合作医疗制度、城镇居民基本医疗保险制度、城乡医疗救助制度，并完善了城镇职工基本医疗保险制度。[①]2000 年 8 月 1 日，经党中央批准，国务院决定建立全国社会保障基金，作为国家社会保障储备基金，以应对人口老龄化和个人账户转轨造成缴费职工养老金的收支缺口。2009 年 6 月，经国务院批准，将上市公司中的国有股减持 10% 股份划转社保基金会。2019 年 9 月 10 日，国务院决定全面推开划转部分国有资

① 郑功成：《中国共产党百年历程与中国民生发展的不断飞跃》，《人民论坛 · 学术前沿》，2021 年 10 月。

本充实社保基金工作，将划转范围扩大到中央和地方各类国有资本，为社保基金筹集提供了一条稳定渠道，截至 2020 年底资产总额达 29226.61 亿元。

2010 年，第十一届全国人民代表大会常务委员会第十七次会议审议通过《中华人民共和国社会保险法》，这是我国社会保障建设史上的标志性事件。

党的十八大以来，党中央把社会保障体系建设摆在更加突出的位置，对我国社会保障体系建设作出顶层设计，推动我国社会保障体系建设进入快车道。在养老保险领域，统一城乡居民基本养老保险制度，实现机关事业单位和企业养老保险制度并轨，建立企业职工基本养老保险基金中央调剂制度。在医疗保险领域，整合城乡居民基本医疗保险制度，全面实施城乡居民大病保险，组建国家医疗保障局。此外，推进全民参保计划，降低社会保险费率，划转部分国有资本充实社保基金。国家建立了以基本医疗保险为主体、大病保险为补充、医疗救助兜底的“三重医疗保障制度体系”，为医保扶贫搭建起坚实有力的制度支撑。其中，第一重保障是由国家政府主导的基本医疗保险，是医保制度体系的主体部分，为贫困群众在内的全体城乡居民提供最基本的医疗保障。第二重保障是由国家政府引导、商业保险机构承办的大病保险，大病保险与基本医疗保险相衔接，针对重大疾病产生的大额医疗费用提供二次报销，为存在因病致贫、因病返贫隐患的困难群体消除后顾之忧。第三重保障是由政府出资和慈善机构捐助集资的城乡医疗救助制度，作为医保制度体系的兜底部分，为贫困群众提供兜底保障。三重保障制度功能明确且联系紧密，为助力贫困群众脱贫，防范因病致贫、因病返贫作出了重要贡献。2020 年，我国贫困人口经基本医疗保险、大病保险、医疗救助三重制度保障后住院和门诊慢特病费用实际报销比例稳定在 80% 左右。2018 年以来，医保扶贫政策累计惠及贫困人口就医 5.3 亿人次，帮助减轻医疗负担超过 3600 亿元，助力近 1000 万户因病致贫群众脱贫，“基本医疗有保障”突出问题得到有效解决。

目前，我国以社会保险为主体，包括社会救助、社会福利、社会优抚等制度的社会保障体系基本建成，形成了世界上规模最大的社会保障体系，基本医疗保险覆盖超过 13.4 亿人，基本养老保险覆盖近 10 亿人，取得了举世瞩目的卓越成绩。2016 年 11 月 17 日，国际社会保障协会（ISSA）在巴拿马召开的第 32 届全球大会上，授予中华人民共和国政府“社会保障杰出成就奖”[①]，这是对中国凭借强有力的政治承诺和诸多重大的管理创新，在社会保障方面取得的举世无双成就的高度认可。

近期，我国按照中央关于实行企业职工基本养老保险全国统筹的指导意见和工作部署，在企业职工基本养老保险实行中央调剂制度的基础上，从 2022 年 1 月开始实施企业职工基本养老保险全国统筹。今后，将逐步推进全国统筹朝着统收统支的方向发展，在此基础上实现企业职工基本养老保险在制度、政策、管理服务等方面全面统一，其中包括实现缴费比例、计发基数、基金收支管理、信息系统、预算编制等方面的统一，充分体现企业职工基本养老保险制度是国家依法统一建立和实行的一项社会保障制度。国家医疗保障局《“十四五”全民医疗保障规划》提出要提高医保基金统筹层次，按照制度政策统一、基金统收统支、管理服务一体的标准，全面做实基本医疗保险市地级统筹；按照政策统一规范、基金调剂平衡、完善分级管理、强化预算考核、提升管理服务的方向，推动省级统筹。

① “社会保障杰出成就奖”是对某一个国家在社会保障方面作出的非凡承诺和杰出成就的世界性认可。

三、避免“逆向调节”

我国的再分配成就显著，但问题和短板也比较突出，这方面的一些问题由来已久，解决起来也非一朝一夕之事。这些问题久拖不决，共同富裕目标也将无法实现。

1. 税收方面

（1）宏观税负偏高。我国劳动报酬在初次分配中比重偏低的背后是宏观税负偏高，按照一般政府收入占 GDP 比重来衡量，2020 年我国宏观税负约为 26%，比大多数新兴市场国家略高。得益于过去几年我国的减税降费措施，我国的宏观税负已从 2015 年峰值的 29%开始逐年下降。

（2）税收的再分配力度过小。我国税收制度的漏调、错调、偏调现象突出。作为调节收入分配差距的主要税种，如个人所得税、车船税、房产税、土地增值税等的比重过小，而同样具有收入分配调节作用的社会保障税、财产税、赠与税和证券交易税等制度设计不足，使得能够体现税收收入分配职能的税种收入在总税收中的比重过低，税收公平分配功能的发挥空间相当有限，税收对于调控贫富差距、收入分配的效应较弱。税收调控收入分配的对象与制度设计出现错位，使税收调控效果适得其反。个人所得税原本是调节高收入群体的，但由于税制设计得不科学、不合理，使工薪阶层成为其主要调节对象。个人所得税中，工资、劳务及个体工商户生产经营所得占比高达70.3%，利息、股息、红利及财产转移所得仅占 27.2%，劳动报酬的最高边际税率是 45%，而资本所得只有 20% 的税率，这在一定程度上导致我国财产性收入差距显著高于工薪、转移支付等收入差距，且对总收入差距的影响迅速扩大，影响了收入分配的公平性。

大多数经合组织国家在初次分配阶段的收入差距与中国相差不大，但是经过再分配以后，收入差距都出现了较大幅度的缩小，基尼系数平均降幅为 30% 左右。这在中国表现并不特别明显。与相似发展阶段的美国（1970—1990）和日本（1980—1990）的再分配与初次分配相比，美国和日本各部门总体变化分别为 9.3% 和 14.2%，而中国不足 5%。近年来，日本再分配力度更大，日本负责社会福利的厚生省每 3 年做一次家庭收入分配调查，分别计算初次收入和再分配收入的基尼系数。日本厚生省 2017 年的调查显示，以家庭初次收入（含工资收入、财产性收入）计算的基尼系数为 0.5594，经过税收调整和转移支付后的家庭收入基尼系数则为 0.3712，下降了 1/3，税收和转移支付政策有效地降低了家庭收入不平等。

根据我国国家税务总局的《房产税的国际比较与借鉴（2021）》显示，海外房产税一般在4%以内，房产税占税收比重均在30%以上。而我国房产税仅在极个别城市进行试点，税率偏低，如上海的税率不到1%，且2020年全国房产税在全国税收总收入的占比不到2%。全球主要经济体普遍征收的房产税、资本利得税和遗产税三大税种，我国均未实施。在消费税方面，我国是全球奢侈品消费的第一大国，占全球的份额达1/3，但在高档消费品征税方面力度不大。这些直接税涉及再分配，也影响和引导三次分配。据《中国新闻周刊》2021年9月20日报道中引述瑞信《全球财富报告2021》的数据显示，2020年中国财产差距的基尼系数达到0.704，虽然低于巴西、俄罗斯、美国等国家，但高于法国、意大利与日本等。中国居民的财产差距要比收入差距大得多。

（3）对高收入者无法有效征税。个人所得税的税率级次少和起征点偏低，使得同一级次的收入差距跨度过大。我国现行个人所得税征收模式采用国外很少采用的纯粹分类所得税制，容易使收入相同者由于所得来源不同而导致税负不同，同一档次收入纳税人的税负不公平；起征点低导致工薪阶层成为个人所得税的纳税主体。目前，我国个人所得税实行七级累进、最高 45% 的所得税率，在全世界算是较高的。我国每年的个人所得税占全部税收收入的比重为 7%，大大低于发达国家 20%、发展中国家 15% 的比重，甚至比俄罗斯都要低。之所以这么低，一个重要原因是高边际税率下，一些高收入人口并不采取应税收入的方式取得收入，很多私营企业主在企业不领工资，零薪酬或一元薪酬的公司高管即属于此类人群。他们将收入留在企业，转成按 25% 的税率交企业所得税。一些高收入人群要么移民、要么将企业迁到境外避税。2020 年我国的个人所得税在税收中的占比为 8.2%，经合组织国家（2018 年）平均为 24%。2019 年美国个税收入占政府税收总收入的 55%，其中联邦政府的个税收入占其税收收入的 80%，占其财政收入的 46%。美国这一数据背后的主要原因是能够对高收入者进行有效征税，如美国收入前 1% 的家庭，收入占比约 17%，交纳的联邦所得税占比却达 25%；而后 80% 的家庭的收入占比约 46%，却只缴了 30% 的税。同时，由于我国初次分配环节秩序混乱，个人收入中不合理、不合法的灰色及黑色收入仍然存在，由于政府难以全面掌握这方面的信息，使得大量的高收入者的收入游离于个人所得税之外，我国税收制度面临全面重构。

2. 社会保障方面

（1）社会保障支出占比总体偏低。政府的经济事务支出和一般公共服务支出在一定程度上挤占了民生支出。与其他国家相比，我国的一般公共服务支出占财政支出的比重过高。2008年我国的经济事务支出所占比重高达21.0%，而美国、法国、德国这一比重都在10%以下，韩国所占比重和我国基本持平。在民生支出领域中，我国只有教育支出所占比重较大，达14.4%，远高于法国的11.2%和德国的8.8%，但医疗卫生支出、社会保障与就业支出所占比重低于其他国家。正是由于我国财政在经济事务方面的支出大、在一般公共服务方面的支出过多，出现重复建设，挤占了有限的财政资源，以致许多本应由政府承担的民生项目，在财政方面力不从心。同时，目前我国社保支出在总体规模偏低的情况下，城乡居民之间的社会保障待遇差距仍然较大。社保投向过于集中在少数人群中，即以退休金和养老金的形式集中于行政事业单位离退休人员和企业退休职工，广大的农村人口所领取的政府转移性收入微乎其微。我国社保支出低规模和过于集中的事实，严重地妨碍当前我国政府收入再分配政策效应的发挥。通过测算模拟，即使维持目前社保支出规模不变，通过调整社保支出结构，适当压低行政事业单位退休金和城镇职工养老金的同时，提高农村居民养老金，即可使我国居民可支配收入基尼系数降到 0.4 以下。当然，在现实操作中，我们并不主张压低现行养老金水平，而是通过社保投入的存量不动，把增量用于提高农村居民养老金。

（2）养老保障面临严峻挑战。第一层次基本养老保险“独力难支”，目前大多数中国人的养老保障主要靠政府，这在未来可能难以维持一个合意的养老金替代率水平，将对养老保障带来严重冲击。基本养老保险、企业（职业）年金、个人养老保险三个层次养老金都存在一些较为突出的问题，大大增加了未来养老保障的不确定性。第一层次基本养老保险的主要问题是基金缺口和替代率下降。第七次全国人口普查数据显示，我国 65 岁以上人口占比达到 13.5%，比第六次全国人口普查时期高出 4.63 个百分点。可以看出，我国老龄化呈现出总量大、增速快的特点。虽然 16 岁至 59 岁劳动年龄人口的规模依然很大，但随着老龄化趋势的不断加深，劳动年龄人口的占比会逐渐下降，也就意味着为社会创造财富的群体规模在减少，领取养老金的人数越来越多。在人口老龄化急剧深化的背景下，城镇职工基本养老保险按照目前的制度框架，在中等情形假设下，即使基金缺口问题能够解决，第一层次的养老金替代率也将从目前的 40%—45% 下降至 21 世纪后半期的 25%—30%。在多层次社会保障体系中，基本社会保障与补充保障之间的比例失衡。2020 年，中国基本养老保险参保人数约 10 亿人，但仅有 10.5 万户企业建立了企业年金，参加人数 2718 万人，仅占基本养老保险参保人数的 2.7%，占参加城镇企业职工基本养老保险人群的 7%，[①] 而且近几年企业年金发展呈现明显放缓的态势，无法有效发挥补充保险的应有作用。在着力扩大中等收入群体规模的背景下，补充保障的发展可以为以中等收入群体为主的社会成员提供更加稳定的预期，进而起到推进共同富裕的作用。第三层次个人养老金的主要问题是政策的不确定性。当前，个人养老金占比极其微弱，个人税收递延养老保险尚处于试点探索阶段，试点结束之后的政策尚不明朗，究竟能够发挥多大作用仍有待观察。

（3）深化医疗保障制度改革任务艰巨。一是利益格局深刻调整可能导致社会风险加剧。以往的医疗保障改革主要是通过“做加法”来推进的，要解决的是普惠性问题，是帕累托改进。2020 年启动的全面深化改革，是要在巩固普惠性的同时真正解

① 参见中华人民共和国人力资源和社会保障部《2020 年度人力资源和社会保障事业发展统计公报》。

决制度的公平性、互助共济性、可持续性问题，核心是对存量结构进行优化，既得利益地区和既得利益群体可能成为深化改革的阻力，进而可能引发社会风险。二是人口老龄化导致的医疗保障财务风险会加大。根据第七次人口普查数据，全国 60 岁及以上人口达 2.64 亿人，占总人口的 18.7%，中国正在快速迈入“中度老龄化”社会。在这一背景下，作为医疗费用支出主体的老年人群体规模在急剧扩大，而依据现行政策不再缴费的退休人员更会持续增长。据人力资源和社会保障部提供的数据，“十四五”期间我国新退休人数将超过 4000 万人，劳动年龄人口净减少 3500 万人，这必然导致医疗保险基金支出增加与筹资来源减少，基本医疗保险制度的财务可持续性面临重大挑战。三是人户分离现象常态化对医疗保障制度改革提出新要求。我国的人口具有高流动性特点，人户分离现象已经常态化且不可逆转。在这样的背景下，占基本医疗保险参保人数 3/4 的居民医保，如果再延续过去的以户籍为依据的参保政策，势必造成许多人处于参保地与受益地分离的状态。让基本医疗保险制度覆盖常住人口应当是正确的改革取向，但此项改革牵涉政府财政责任重新配置，即目前由政府承担居民医保筹资 2/3 以上的责任将由户籍所在地政府改为常住地政府承担。调查发现，无论是人口输出地区还是人口输入地区，都对按常住人口参保持消极态度。四是医保、医药、医院“三医”之间良性互动与共同发展需要医疗保障发挥更大、更好的作用。从药品、医用耗材集中带量采购使用到医保药品目录准入谈判，再到医保基金支付方式改革与反医保欺诈，医疗保障制度责任重大。然而，“三医”之间良性互动、协同发展的局面尚未真正形成，医保机构面临的压力在增加，而医疗机构、医药企业则因原有利益受损并不满意、不愿配合。

（4）社会保障覆盖面还不够，保障水平地区差异大，制度碎片化问题突出。一些职工特别是新就业形态劳动者仍游离于现行社会保障制度之外。如果考虑到一些用人单位欠缴保费的因素，实际参保率还将更低。同时，我国社会保障的水平和效率还有待提高，结构性矛盾依然突出。总体来看，我国社会保障平抑收入差距的作用有限。以养老保险为例，机关公务员、事业单位职工、城镇企业职工、城市居民、农村居民等不同人群适用于不同的养老保险制度，不仅制度分割，养老金水平差距明显，而且多种制度仍无法保障农村居民和部分城镇人员的养老需求，既不公平也缺乏效率。群体间的基本保障待遇差距降低了社会保障体系整体的收入再分配效应，影响着全社会共同富裕的进程。

（5）社会保险统筹层次过低。各项社会保险未实现全国统筹，虽然各地按照中央关于社会保险制度改革有关文件规定逐步建立各项社会保险制度，并按照《社会保险法》以及相关法规、规章来规范本地区社会保险政策，但各统筹地区政府自行出台的有关社会保险政策规定存在一定差异，尤其在各项社会保险缴费费基、费率标准和享受待遇的资格条件以及待遇标准等方面还存在显著差异。在统筹层次较低的情况下，各统筹地区之间社会保险待遇差别显著还会引起尖锐矛盾和相互攀比，进一步加剧不同地区、不同群体之间利益不平衡，导致在社会保障领域出现社会不公平问题。我国也存在差序福利与负福利的问题。由于制度设计缺陷，有相当数量的工薪劳动者难以进入职工社会保险体系。社会保障项目以户籍为前提，大量非户籍常住人口难以得到实际居住地的社会救助和普遍性公共福利。建立企业年金的企业数量和参加者较少，影响了相关制度的保障作用。医疗保障领域，2014 年国务院颁布《关于建立统一的城乡居民基本养老保险制度的意见》（国发〔2014〕8 号），要求将新农保和城居保进行整合。但城镇居民的收入水平明显高于乡村居民，2020年，我国城乡居民收入之比为2.56∶1，[①]这主要是初次分配的结果。在收入分配体系中，社会保障属于再分配，理应对改善城乡之间的收入分配状况作出积极的贡献。但现实中社会保障的这种“逆向调节”，进一步拉大了城乡居民的收入差距。

四、提高调节的力度和精度

在国家现代化进程全面提速，扎实推动共同富裕已经成为国家既定目标和新时代的核心议题的大背景下，应当进一步加大力度，推动社会保障向纵深推进，确保社会保障安全网没有漏洞；系统性重构税收制度，增强税收、转移支付等的调节力度和精准性。

1. 改革和完善财政税收制度

建立调节存量财富的税收机制。共享性是共同富裕的底色。应着眼于整个税制体系的建设，从消费支出、收入流量、收入存量等方面调节高收入阶层的收入，平抑财产性收入和占有差距。

① 参见国家统计局2021年2月28日发布的《我国2020年国民经济和社会发展统计公报》。

一是进一步降低个人所得税。按照国际惯例，个人所得税率应该小于或等于企业所得税率，现在企业所得税降到了 25%，个人所得税最高边际税率也应由 45% 降到 25%，相应的级次税率也应下降。根据“拉弗曲线”[①] 原理，税率高并不等于实际税收就高。税率太高，人们拼命避税甚至逃税，反而收不上税；只有在税率达到一个最优值时，实际税收才是最高的。因此，这一做法不仅不会减少税收总量，反而会扩大税基、刺激消费，形成税收总量的增加，个人所得税占税收收入的比重也会逐步提升。中等收入群体收入的 60% 来源于工资性收入，应重点关注工资薪金个人所得税税制设计，推进个人所得税按综合和分类相结合的征收模式，综合部分按照家庭和年度以超额累进税率征收。建立免征额和专项扣除标准随经济发展和物价指数自动调整机制，进一步提高“起征点”，降低“中段”的累进率，提高富裕群体所得税税率，努力减轻中低收入群体的税赋负担。

① 拉弗曲线描绘了政府的税收收入与税率之间的关系，当税率在一定的限度以下时，提高税率能增加政府税收收入，但超过这一限度时，再提高税率反而导致政府税收收入减少。因为较高的税率将抑制经济的增长，使税基减小，税收收入下降；反之，减税可以刺激经济的增长，使税基扩大，税收收入增加。

二是逐步降低间接税的比重，提高直接税的比重。除了所得税外，直接税还包括房地产税、遗产税、赠与税。这些都是现代国家财税体系中重要的直接税税种。研究开征遗产税和赠与税等资本税和财产税政策，防止财产性收入差距过大。及时调整消费税征收环节和范围，增强消费税的收入调节作用。切实加强对高收入阶层的税收调控。逐步建立社会保障、税务、财产登记合一的个人信息系统，加强对多元化、隐蔽性收入的监控和税收征管。创造条件逐步实行金融资产实名制，切实加强对非常态高收入群体收入、财产、财富的监管，不断加大反腐力度，打击和取缔权力寻租、腐败收入、黑色收入。采取多种有效措施，切实加强税源控制和税源稽查与监察。

三是进一步稳定小微企业所得税优惠政策。占企业总数 80% 的小微企业吸纳了全国 70% 的就业。2018 年 7 月，财政部和国家税务总局针对小微企业出台了持续 3 年的所得税优惠政策，对年应纳税所得额低于 100 万元（含 100 万元）的小型微利企业，其所得减按 50% 计入应纳税所得额，按 20% 的税率缴纳企业所得税。2019 年 1 月，两部门进一步放宽这一优惠政策，对应纳税所得额低于 100 万元的部分，减按 25% 计入应纳税所得额，并按 20% 的税率缴纳企业所得税；100 万元至 300

万元的部分按 50% 计算应纳税所得额，按 20% 的税率缴纳企业所得税。2021 年 4 月，两部门再次对应纳税所得额低于 100 万元的部分，减按 12.5% 计算应纳税所得额，并按 20% 的税率缴纳企业所得税，优惠时间延长到 2022 年。这些政策将小微企业的实际税负降到了 5%，可以说是全世界最为优惠的企业税收政策了。建议将这一短期性临时性政策转变为长远的基础性制度，上升为法律，以稳定社会预期。

2. 创新养老保障制度设计以覆盖全体国民

积极应对人口老龄化，抓紧构建多支柱养老金制度体系。2005 年，世界银行对原有的“三支柱”理论进行了一些修正，提出了“五支柱”的养老保障模式，“五支柱”包括“零支柱”“一支柱”“二支柱”“三支柱”和“四支柱”。即提供最低水平保障的、以税收为基础的非缴费型“零支柱”；与本人收入水平挂钩的缴费型“一支柱”；不同形式的个人储蓄账户性质的强制性“二支柱”；灵活多样的雇主发起的自愿性“三支柱”；建立家庭成员之间或代际之间非正规保障形式的“四支柱”。各国普遍建立起了来自财政税收的“零支柱”，从制度上保证了养老保险覆盖范围的扩大，较好地体现了养老保险的公平性原则。

从当下现实看，今后的雇主不再是工业社会里具有一定工作场所、有一定数量员工的雇主了，其生产经营过程隐匿起来，由此使得他的雇主身份变得隐蔽。未来社会中雇员的劳动身份也隐匿起来，谁也不知道自己究竟雇佣了谁，更不知道自己被谁雇佣，只知道自己从平台上获得业务，完成任务后又交到平台，而平台本身又不具有公司的属性与责任。这种雇主及雇员身份的双重隐匿，直接消解了工业社会以来社会保险所设定的缴费主体构成。人工智能时代下隐性劳动关系的普遍存在为改革现行社会保险缴费主体、实行国家保障提供了现实可能。

基于此，应抛弃工业社会所遵循的“多缴多得、长缴多得”的基本养老保障待遇设计原则，代之以按照基础普惠、全民共享原则设计基本养老保障待遇，构建一个能够保障基本生活需要、人人享有的国民年金，弱化养老保障制度设计的市场化倾向，强化国民年金所遵循的普遍共享和共同增进理念；淡化当今社会保障的效率主义设计倾向，消解现行保障制度的阶层固化效应，强化普遍主义的国民年金所体现出来的社会公平价值，促进社会和谐发展。我们需要调整养老保险制度的基本架构，以一般税收为资金来源，建立一个“零支柱”的、普惠式的国民基础年金（最低养老金制度），确保全体国民享有最基本的养老保障，实现适度普惠和托底保障，为贫困群体走向富裕打下基础。与本人收入水平挂钩的缴费型“一支柱”养老保险制度保持不变，但个人账户取消，只保留社会统筹账户，实现全国统筹，企业缴费费率可以大幅下调。原有的个人账户可以转化为“二支柱”的企业（职业）年金。国家通过缴费、运营和待遇领取三个环节的税收优惠组合、放宽投资限制等措施，鼓励用人单位建立企业（职业）年金——“二支柱”。鼓励建立个人储蓄性养老保险（商业保险）——“三支柱”。通过税收优惠，鼓励个人缴费、农村集体经济和其他用人单位补助，以个人账户的模式建立各种补充性的或者互助合作式的养老保险制度——“四支柱”。以此提高养老保障水平。

根据国际经验，一个合意的养老金替代率应当达到 70% 左右，而且要有可持续性。“零支柱”的养老金可按 20% 左右的替代率设计，“一支柱”养老金目标替代率为 30%，“二支柱”至“四支柱”养老金替代率一共达到 20% 左右即可。构建多层次养老保险体系是中国养老保障改革的必由之路，也是实现共同富裕的必然选择。

3. 全面建成高质量、可持续的中国特色医疗保障制度

一是优化现行基本医疗保险制度。全面取消医保个人账户，扩大医保基金调剂能力；制定推进主体各方均衡承担筹资责任的行动方案；着力推进基本医保待遇平等，缩小城乡基本医保待遇差距；尽快研究稳步推进居民医保覆盖常住人口的政策，在“十四五”期间可鼓励或选择部分省份开展试点；在全面做实市级统筹的基础上，“十四五”期间应当全面建立省级医保基金调剂制度，“十五五”期末全部实现省级统筹，进一步完善跨统筹地区的医保报销支付办法；分解生育保险的医疗服务与福利待遇，并分别纳入基本医疗保险与生育福利津贴；进一步完善医保支付制度。

二是加快推进以商业健康保险为主攻方向的多层次医疗保障体系建设。国家应当引导企业职工补充医疗保险、公职人员医疗补助转化成为商业健康保险，使其覆盖人群成为商业健康保险稳定的主要客户来源，由此形成较大规模的保险市场，进而向其他居民扩展，带动整个商业健康保险步入全面发展的轨道。国家可采取财税优惠政策，同时根据大数法则分散风险的原理，利用参保人数多的优势，鼓励商业保险公司适当降低保费费率，推动商业保险公司极大地增强服务功能和提升服务质量的内生动力，减轻参保人负担，提高商业医保受益面。此外，还有必要引导公众树立新的健康消费观，在享受法定医疗保障权益的同时真正认识到商业健康保险的必要性与重要性，进而通过市场机制获得个人及家庭更高层次需求的满足。

三是加快推进医保经办服务机制改革步伐。一方面，“十四五”期间国家层级应当尽快制定统一的医保经办服务机制政策，为各地医保经办服务机制改革提供统一的依据。其核心是对医保经办机构统一定性、统一标识、统一职责、统一人员编制标准、统一信息系统、统一服务规程等，以此确保全国医保经办机构上下一体、左右对接。另一方面，还需要理顺医保系统的关系，完善内部治理。应当实行统筹区域内医保经办机构垂直管理，在基层面对公众实行“一窗办理”并提供相关服务；对医保经办机构明确赋权定责，统一规制其内部治理，自觉接受医疗保障行政主管部门监督，自主实施医疗保障制度并承担应有的责任。

四是加快推进医疗保障法治化进程。“十四五”期间，必须全面加快医疗保障立法步伐，研究制定综合性的《医疗保障法》。十三届全国人大常委会已将制定《医疗保障法》列为备选立法项目，国家医疗保障局起草的《医疗保障法》草案已向社会公开征求意见，《医疗保障法》的立法步伐在加快。基于多层次医疗保障体系建设与处理相关关系的需要，我国还应当制定包括医疗救助、商业健康保险、慈善医疗等在内的多部行政法规。这些立法任务宜早不宜迟，均应当争取在“十四五”期间完成。

五是加快建成全国统一的医保信息平台。各地区医保机构需要从全局、大局出发，将以往自行其是的信息系统按照国家统一标准与规程纳入全国医保信息系统，对于超越国家标准与规程的信息进行妥善处理。国家医疗保障局还需要对现行编码标准及应用规程作进一步完善，使之能够全面涵盖医保业务发展的客观需要。经过统一行动和不断完善，争取在“十四五”期间能够全面实现全国统一的医保信息系统正常运行，并为推进医疗保障公共服务在全国范围内均等可及提供优良的技术支撑。

4. 整合和优化社会保障的结构、制度、体系

社会保障制度在世界各国的建立都是国家干预社会的结果，而国家干预社会的方式通常是进行社会立法并建立社会行政机构。在几乎所有工业化国家（社会），以社会保险为主体的社会保护经费支出都是国家财政的第一大开支，远远超过各国的军费和外交开支。国家干预社会的结果促成了全国范围内的再分配，社会保险的社会化统筹不仅便于国家发挥管理作用，也便于在全国整合并配置资源，促进经济的均衡合理发展。多数国家的社会保障制度都是以社会保险为主要支柱，这种方式便于在个人、用人单位和国家之间形成共同缴费和平衡支付的共同体，使三方在社会中共担责任，使社会保障制度在一定程度上体现一个国家社会再分配和社会团结的水平。

坚持国家层面的、全国统一的社会保障基本制度框架。经合组织国家、欧盟国家的社会保障支出大概平均要占到 GDP 的 20% 以上，我国只有 13% 左右。到 2035 年，我们用于社会保障的这块蛋糕争取能达到 GDP 的 20%，到 2050 年争取达到 25%。只有社会保障的蛋糕大了，共享的份额大了，共同富裕才有可能。我国社会保障支出占 GDP 的比重，如果一年能提高 0.5 个百分点，一年就提高 5000 亿元，到 2035 年就能达到经合组织国家的现有水平。基尼系数如果每年降低 0.01，现在是 0.46，10 多年以后，我们变成 0.32，基本能达到共同富裕的标准。

要统筹协调社会保险、社会救助、社会福利、优抚安置、慈善事业的发展，逐步提高保障水平，既不应过分超前，也不能明显滞后。系统检视基本社会保险设置及其运行情况，明确各项目的职责定位、保障范围、待遇水平、筹资机制，推进制度完善定型。提升社会保障的法治化水平，强化社保立法，补齐相关法律短板推进社保改革。稳步提高社会保险统筹层次。不断扩大社保覆盖面，把就业保障、职业伤害保障的覆盖范围扩展到全体劳动者，建立覆盖全民的长期照护保障制度。通过国企改革和划归国企股权给社保，加强低保、住房、教育、医疗等基本社会保障。根据国民平均预期寿命建立个人精算模型，适时提高国民劳动年龄和实施早减晚增的全额养老金领取机制，引导国民增加就业和多积累养老金，增强社会保障制度的可持续发展能力。积极推动提高各项社会保险统筹层次，是充分发挥社会保障在国民收入再分配方面重要作用的基础支撑，统筹解决各地区社会保险筹资和待遇不平衡问题。推进社会救助改革，完善多维度的贫困评估指标体系和数字化救助体系，健全精准识贫机制，提高社会救助精准性和有效性。以切实保障困难群众基本生活为底线，整合城乡居民养老、医疗和最低生活保障制度，逐步提高低保标准。

5. 健全转移支付和公共服务制度

优化财政支出结构，加大财政资金用于促进就业、社会保障、教育、公共医疗卫生、保障性住房等民生领域的投入力度提高民生支出比重。加大对农村、中西部地区特别是革命老区、民族地区、边疆地区和相对贫困地区的转移支付力度，以兼顾城乡和各个地区的利益，实现合理和公平的国民收入再分配。改革和完善转移支付制度，促进基本公共服务均等化。中央政府逐步统筹地方土地出让收入，通过转移支付向欠发展地区和群体倾斜。财政资源的支出，应该减少经济建设支出，减少生产性补贴，更多地用于保障和改善民生、增进居民社会福利。财政资源的补贴，应该更多向困难群众倾斜，对低收入者的救济支出、助学金支出、助学贷款贴息等。

在现代社会，公共服务或公共品包括公共基础设施等的分配，对社会成员的福利水平具有极为重要的影响。基本公共服务的均等化，对中低收入者特别是贫困者生活的改善关系极大。拥有同等收入的人因为享受的基本公共服务不均等，他们所能享有的生活水平和生活质量会存在差别，甚至是相当大的差别。那些不能或较少享有公共服务的社会成员，只能用他们收入中的一部分到市场上去购买公共服务的替代品。各国提供的公共服务的范围，因经济社会发展水平高低和政府公共财政能力大小的不同而存在一定的区别，但基本上都涵盖公共教育、公共卫生、公共文化等社会事业，公共交通、公共通信等公共产品和公共基础设施以及就业服务等。要加大普惠性人力资本投入，有效减轻困难家庭教育负担。要下大力气推动户籍制度改革，促进劳动力的自由充分流动，有效提高劳动生产效率。应将户籍制度从基于原籍的体系转变为基于常住地的体系，回归其应有的人口管理与服务功能。逐步实行户籍的登记备案制而不是审核批准制，真正使劳动力能自由流动。2亿多名农民工由于户籍制度的限制，务工期限往往是暂时性的。通过户籍制度的改革，一方面能够延长其在劳动力市场的时间，另一方面还能帮助其更好地融入当地社会，增强其物质层面与精神层面的获得感。当农民工群体拥有一个稳定的工作和居住环境后，雇主和雇员都能形成稳定预期，对未来保持更为乐观的态度，也有利于人力资本的进一步提升。户籍制度改革使农民工群体的子女享受工作地入学等基本公共服务，是基本公共服务均等化的重要方面，是畅通农民工子女向上流动渠道的重要措施。要全面加快各项福利事业的发展步伐，统筹规划面向老人、儿童、妇女及残疾人的公共服务，逐步取消户籍关联度，使非户籍常住人口能够享受居住地的社会福利服务，让城乡居民真正全面普享社会福利服务。

| 第六章 |

三次分配

三次分配先天蕴含了助力共同富裕的使命和价值追求。当前，我国进入了全面建设社会主义现代化国家、向第二个百年奋斗目标进军的新征程，党和国家对扎实推进共同富裕的重视程度前所未有，三次分配已上升到国家战略体系层面，并进入实践操作阶段。

一、三次分配不是“劫富济贫”

三次分配是在道德、文化、习惯等影响下，企业、社会组织、家族、家庭和个人等基于自愿原则和道德准则，以募集、捐赠、资助、义工等慈善、公益方式，对所属资源和财富进行分配，是对初次分配和再分配的有益补充。

1. 历史回顾

三次分配不是新理论，这一理论最早是由北京大学光华管理学院创始院长厉以宁教授在 20 世纪 90 年代提出的。1992 年，他在《论共同富裕的经济发展道路》一文中首次提出“影响收入分配的三种力量”。[①] 在 1994 年出版的《股份制与市场经济》一书中，他又作了进一步阐释，指出收入不应只有市场、按生产要素进行首次分配，还包括政府调节的再分配，引导慈善事业参与的三次分配，通过三次分配可解决收入分配难题。2019 年 10 月，党的十九届四中全会提出要“重视发挥三次分配作用，发展慈善等社会公益事业”，这是党中央首次明确将三次分配作为收入分配制度体系的重要组成部分，确立慈善等公益事业在我国经济和社会发展中的重要地位。当社会总体财富积累到一定水平后，公益和慈善事业发展的空间被打开，其与初次分配、再分配的互相补充，是对社会公平和缩小贫富差距努力的必要支撑。2021 年 8 月 17 日，习近平总书记主持召开中央财经委员会第十次会议，提出要“构建初次分配、再分配、三次分配协调配套的基础性制度安排”。2021 年 12 月，中央经济工作会议提出，支持有意愿有能力的企业和社会群体积极参与公益慈善事业。

社会组织和社会力量是三次分配的中坚力量，慈善是以捐赠财产或者提供服务等方式自愿开展的公益活动，是三次分配

① 厉以宁：《论共同富裕的经济发展道路》，《北京大学学报（哲学社会科学版）》，1991 年第 5 期。

的主要形式。三次分配所指的公益慈善古已有之，中外皆有。旧时乡绅的基层治理中有学田、义仓等，还有一些民间自发的像武训的助学方式等，都属于公益慈善。在我国几千年历史中，相当多时期处于动荡阶段，市场失灵，政府瘫痪，但社会之所以得以延续下来，靠的就是道德的力量。有了市场调节和政府调节后，道德调节也应发挥作用。亚当·斯密在 1759 年出版的《道德情操论》中说，“同情心”和“功劳感”是人类与生俱来的情感特性。正因为人类有这种特性，社会上才有人肯为慈善公益事业慷慨解囊。100 年前，庇古提出“收入均等化定理”，认为一元钱的效用，对穷人要比对富人大，将富人的部分收入转移给穷人，可提升社会整体福利。三次分配对于促进共同富裕是一种很好的途径，也是人类发展的文明方向。通过这种途径，能够促进社会和谐，使人们特别是一些高收入人群按照社会公益、社会公德、社会和谐等道德伦理体系来行动，从而形成一个良性循环。同时它又符合自愿原则、公平正义原则，不会在强制性的再分配过程中伤害一些高收入人群和资本利得者的积极性。

2. 性质特点

概括起来讲，三次分配具有以下几个特征。

一是三次分配在整个国民分配制度体系中是起补充作用的。初次分配是最基础的分配制度，再分配是重要的社会财富调节手段。在社会发展的不同阶段，三次分配的占比会有所变化，但其“补充性”的属性不会改变。

二是三次分配国家是鼓励，而不是强制，是基于社会机制的爱心驱动，区别于初次分配是基于市场机制的利益分配、再分配是基于行政机制的强制性调节。三者的动力机制有根本的不同。

三是三次分配的主体是社会力量，包括企业、社会组织和个人等，初次分配的主体是市场参与的各要素主体，再分配的主体是政府。当然，三次分配的发展离不开党的领导和政府的政策扶持与监督管理。

四是三次分配的客体不仅包括社会力量捐赠的财产，也包括社会力量所提供的志愿服务，通过奉献时间、技能或专业知识，为弱势群体提供所需要的服务，提升弱势群体物质与精神层面的获得感、幸福感。初次分配和再分配的客体主要以财产分配为主。

五是三次分配是建立在互助友爱的道德基础之上的财富分配方式。在公益慈善活动中，不仅受赠方的获得感、幸福感增加，而且捐助者的成就感、价值感也在增加。三次分配的行动有利于重塑社会的道德体系和社会习俗，不仅可以改善收入差距，还可以起到促进社会公平正义、丰富精神财富的作用，提升人民群众在精神领域的获得感。而初次分配侧重于利用市场的激励机制有效配置资源，提高资源使用效率；再分配侧重于有效提供基本公共服务，促进平衡发展与社会公平。

3. 走出误区

一是认为三次分配是“劫富济贫”。这一观点在当下中国很有市场。一些先富人群，害怕自己多年打拼的财富被强制“共富”，特别是一些中国富人的第一桶金，有不少经不起推敲，更容易形成恐慌，认为三次分配就是“向少数的富人多征税，补贴下面的穷人”“用大白话讲就是去掉一个上面的最高分，加到下面的最低分，齐活，求平均数”。其实，这是对中央精神的一种严重误读，三次分配绝不是运动式的打土豪、均贫富。三次分配是自愿行为，不应该也不可能强制实施。“两个毫不动摇”[①] 不可能变，党的十九届四中全会把“社会主义市场经济体

① 毫不动摇巩固和发展公有制经济，毫不动摇鼓励、支持、引导非公有制经济发展，保证各种所有制经济依法平等使用生产要素、公平参与市场竞争、同等受到法律保护。党的十九大把“两个毫不动摇”写入新时代坚持和发展中国特色社会主义的基本方略，作为党和国家一项大政方针进一步确定下来。

制”上升为国家基本经济制度，意味着它的地位很高，“基本经济制度”表明它不可能轻易变动。

二是期望通过三次分配迅速实现共同富裕。这是放大了三次分配的作用。实现共同富裕目标，在市场之手不到位、政府之手缺位的情况下，指望道德之手显然靠不住。三次分配是补充性质的，用以改变收入分配的流量，但只是治标之策。它在整个分配体系中不可能唱主角，是在初次分配、再分配基础之上发挥辅助性功能的分配机制。以美国为例，美国的慈善事业是公认最发达的，在全球慈善捐款方面名列前茅，2020 年慈善捐赠总额 4714.4 亿美元，占 GDP 的比重 2.2% 左右，占财政收入的 6.4% 左右。但其国内的贫富差距现象依然很严重，2018 年，美国的基尼系数达到 0.485。欧洲的慈善事业也发展得不错，但是欧洲的社会平等度主要依靠社会保障制度，不是靠慈善事业。我们需要三次分配，但不能期望过高。

三是认为三次分配是富人的事，与普通大众无关。从很多国家和地区的情况看，公益捐赠者和公益活动参加者不仅仅局限于高收入群体。事实上，普通中等收入群体中参与公益活动的人数远远大于高收入群体。三次分配并不全是富人支持低收入群体，全民慈善也是重要的方式。美国的捐赠中主要还是中产阶层，因为捐款的面广，数量也大。三次分配是一种自愿的共享机制，大家往往强调先富帮后富，其实三次分配强调的应该是有能力的人去帮助有需要的人。先富者要起模范带头作用，但后富者未必不能帮助他人。无论贫富都有行善的资格与条件，只是富者帮助他人或回报社会的能力更大一些。因此，需要以更加广阔的视角看待三次分配。目前大家关注的款物捐献只是局限于物质财富的狭义的三次分配，而广义的三次分配还应当包含各种志愿服务及其他形态的互助活动。在中国传统里，邻里互助、亲友相济、家庭里面相互帮助，在外边发家致富的人回报乡梓，这些都是没有统计也无法统计的，但都是宝贵的慈善行为和活动，都应当属于三次分配。发挥三次分配的作用不能只盯着捐款捐物，还应当促进志愿性的社会服务及各种类型的互助友爱活动。

4. 多重功能

一是财富分配功能。慈善事业通过激励公民等主体参与三次分配，能够实现社会物质财富在不同社会群体间的重新分配，发挥与社会保障制度相似的物质财富再分配功能，有助于实现不同社会群体互帮互促式的共同富裕。从财富规模上说，慈善事业作为三次分配的规模明显小于再分配；从运行机制上看，两者的差异决定了相互之间存在“互补”的功能关系。社会保障制度作为再分配具有强制性，慈善事业作为三次分配，其功能的实现虽然也有赖于税收减免的激励，但更主要的则是依靠公民自愿捐赠，是一种自愿再分配。

二是激励推动功能。慈善事业能够引发社会多元主体对于弱势群体的同情以及对社会问题的关注，进而激励推动不同背景、不同身份、不同理念的企业、社会组织、家族、家庭和个人等更主动地加入其中，自愿参与共同富裕实践。更重要的是，慈善事业还基于其多样化的开展方式和组织形式，使得公民能够自由选择以捐赠者、志愿者、募捐者和委托人等多种身份，主动参与甚至组织开展三次分配，并直接通过开展慈善捐赠以及提供志愿服务等多种方式，或者间接通过成立慈善组织和设立慈善信托等形式，推动社会财富在不同阶层、不同群体、不同人员之间合理的再分配。

三是精准匹配功能。在符合法律和社会道德的前提下，三次分配的主体多元、分配形式多种多样、运作方式丰富多彩、帮扶对象千差万别，可以渗透到社会的方方面面。国家强制实施的体系决定了再分配必须遵循严格的规章制度和程序，政府财力的限制也不可能在再分配中面面俱到。这些都会使再分配更关注“面”，而较少关注“点”。面对突发性、特殊性、个性化的救助需求时，再分配制度未必能够及时响应，而捐助者、基金会等群体可以立即行动，帮助求助者渡过难关。三次分配相比再分配更加微观、更加灵活、更加精准、更具针对性，由于三次分配是人们自觉自愿的一种捐赠，因此它的影响是广泛的，所发挥作用的领域是市场调节和政府调节无法比拟的。

四是社会融合功能。市场经济的功能在于通过竞争机制有效配置资源，但其局限在于容易引发“公地悲剧”和贫富差距。正因如此，才更需要通过发展慈善事业，弘扬责任意识和利他奉献精神，弥补市场经济的局限。社会保障制度作为再分配，其功能的实现主要依赖于发挥主导作用的政府，不同群体之间缺乏直接的沟通交流，甚至会因为税收问题造成隔阂乃至对立。慈善事业不仅能够在物质层面上实现财富在不同社会群体间重新分配，还有助于全社会重新认识特定群体所处的艰难困境，进而更为自愿地开展捐赠或者提供服务，以此降低不同群体之间的隔阂，助推不同社会群体间沟通后的相互认同，实现不同社会群体之间的融合发展与共同富裕。

五是文化传承功能。慈善事业或者三次分配的意义绝不仅仅在于资金的规模，更在于其道德与价值层面的功能，特别是在市场经济条件下，面对社会道德滑坡，大力发展慈善事业、发挥三次分配的作用具有重要意义。社会中的不同群体之间负有互帮互助的道德义务，在此意义上，慈善事业的核心内涵与共同富裕的主要内容具有了共通性，前者所提倡的互帮互助与后者所强调的共富共享在本质上存在密切的关联。通过积极发展以慈善事业为核心的三次分配，不仅有助于使共同富裕的思想在同一代人之间获得普遍认同，还有助于使这一思想在不同代际之间不断传承，推动一代代公民自觉自愿参与到共同富裕的实践中。

5. 立体效应

三次分配对共同富裕的促进具有三重立体效应：一是直接效应。通过款物及劳务捐献，直接弥补初次分配与再分配的不足，形成先富帮后富、有能力者帮有需求者的良好分配格局。二是增强效应。通过三次分配支持慈善组织发展，促使再分配得到更好的落实。中外实践表明，法定社会保障制度特别是社会救助与社会福利事业的发展，客观上离不开慈善事业的有力配合，许多国家的社会福利政策作为再分配工具在很大程度上需要依靠慈善组织来付诸实施，这是三次分配对促进共同富裕的再分配机制的增强效应。三是扩散效应。三次分配及其背后的慈善事业，能够弘扬互助友爱的社会主义核心价值观和乐善好施的中华传统美德，促进社会团结与社会和谐，进而形塑扎实推动共同富裕的有利社会氛围。

二、慈善事业的制度建设

尽管慈善事业在我国有悠久的历史，但由于现代慈善理念缺乏，法规政策体系不完善，依法监管不配套，我国的公益慈善事业还不发达，社会公众参与的广度和深度都还很不够。与国外相比，还有较大的差距。

1. 我国三次分配的规模非常有限

我国的慈善组织数量少、规模小。据中国慈善联合会统计，2020 年我国共接受境内外慈善捐赠 2253.13 亿元人民币。其中，内地接受款物捐赠共计 2086.13 亿元，首次超过 2000 亿元，同比增长 38.21%。但是，社会捐赠占 GDP 的比重依然很小。以 2020 年为例，社会组织捐赠收入和福利彩票销售收入共约 2500 亿元人民币，即使加上志愿服务和其他个人慈善行为所产生的效益，占年度 GDP 的比重也不过 0.24%。慈善事业整体优质供给不足，主要表现为慈善社会参与、捐赠规模、主体规模、主体质量、慈善开展项目质量、激励保障等方面均不足。这既说明我国慈善发展远远滞后于先富群体和私人财富积累的增长，也显现出慈善的发展空间和潜力。反观美国，其 2020 年个人捐赠、遗产捐赠及基金会和企业向慈善机构共捐赠了约 4496.4 亿美元，占美国当年 GDP 的 2.2%。我国志愿者服务参与率仅为全国人口的 3%，而美国则为 44%。根据 WGI（World Giving Index，全球捐赠报告）显示，若扣除 3/4 来自企业的捐赠额，我国个人捐赠额非常不足，2020 年中国捐赠指数排在被调查的 126 个国家的末位。如此尴尬的慈善现状与我国的文明传统和经济发展水平极不相称。

2. 鼓励三次分配的税收制度很不完善

我国的税收政策对慈善发展的支持力度虽较以前有所改善，但仍显不足：税收仍主要针对工资性收入，大量财产性收入尚未列入纳税范围。《胡润财富报告 2020》指出，中国 600 万元资产的“富裕家庭”数量首次突破 500 万户，未来 10 年将有 17 万亿元财富传给下一代，但中国尚未开征遗产税和赠与税。世界上几乎每一个发达国家都有遗产税征税历史，比如美国遗产税法规定，对超过 65 万美元的遗产部分按照 17 个档次的累进税率，交纳最低 18%、最高 55% 的遗产税。此外，每个公民还可享有 67.5 万美元的终身免税额，如果每人每年捐赠款超过一万美元，就可使用终身免税额。正是在一系列税收政策的引导和约束下，美国的慈善事业才有了长足发展的动力和条件。日本也采用超额累进制，税率一般在 10%—55%。迄今为止，世界上已经有 100 多个国家开征了遗产税。

3. 缺乏鼓励三次分配的社会荣誉制度方面的政策

税收减免是正向的物质利益激励机制，社会褒奖则是正向的精神激励机制。无论贫富都需要和谐友好的社会环境，这是人生幸福的基础性条件。所以，鼓励三次分配的社会荣誉制度方面的制度安排具有不可替代的社会价值。美国慈善业发达的原因之一是，美国企业家热衷慈善，他们信奉基督教，有来世进天堂的精神需求。中国的文化传统有所不同，一些国内企业家捐助慈善希望得到“社会荣誉”（功劳感），但这方面却缺乏规范的制度安排。另外，慈善捐助后，想得到个人所得税优惠，需要十多道环节，时间一般长达半年之久，程序过于繁杂。

4. 监督规范有待提升

我国目前缺少相关资金使用方面的规范监督，一些市县慈善组织多年来从未有过针对慈善捐赠资金的大规模审计和检查，慈善资金的总体使用情况没有综合性的台账可以查询监督，资金下拨和使用存在一定风险。同时，慈善活动也缺少规范监督。

比如，一些地方每年都组织开展慈善一日捐活动，因为此前都没有备案的途径和具体操作规范，历年都未曾进行慈善活动公开募捐方案备案，慈善活动的随意性较大。

5. 工作体系很不健全

不少地方存在慈善管理机构和慈善组织职责不清，边界模糊的问题。大部分慈善工作由地方慈善总会负责管理运行，包括慈善活动的组织开展、慈善资金的管理使用等。地方民政主管部门对本辖区内的慈善工作了解较少，推动力度不足。一些省、市尚未出台明确的慈善实施政策，关于“慈善组织的认定”“慈善公开募捐方案备案”“慈善资金使用查询”等，缺少文件政策予以明确规定具体流程，且相关业务培训开展次数少，宣传引导得也很不够，基层群众对慈善工作了解不全面、不深入。

三、释放社会的“奉献红利”

我国三次分配发展滞后，不是经济不发达，也不是缺乏爱心善意，而是缺乏完备的政策支持，更缺乏符合国情的慈善理念指导。以现代慈善事业为代表的三次分配的发展，既要学习借鉴西方发达市场经济国家的经验，抓住“公益、自愿、平等、法治、透明”五个关键词，把握现代慈善事业的一般规律，同时也要立足中国的文化传统和具体国情，释放我国三次分配的活力，以三次分配大发展助推共同富裕。不能以国情特殊为由扭曲规律，也不能以规律为由超越国情，唯有做到两个尊重，才能促使中国三次分配行稳致远。

1. 坚持立法先行推动三次分配健康发展

为适应三次分配和共同富裕的需要，进一步修改完善《中华人民共和国红十字会法》《中华人民共和国公益事业捐赠法》《中华人民共和国慈善法》等与社会公益事业相关的法律。在慈善法修订中，要进一步拓宽慈善规制范围，增加网络慈善专章，充分发挥三次分配对共同富裕的推动作用。三次分配离不开社会组织的发展，目前的《社会团体登记管理条例》和《基金会管理条例》等还不能满足社会组织健康发展的需要，要研究制定《社会组织法》，促进社会组织大发展。

2. 健全三次分配的激励体系和保障体系

促进共同富裕，三次分配的空间很大，关键是构建好激励体系与保障体系，有效利用税收优惠和社会荣誉等政策鼓励富裕团体和企业开展捐赠、慈善，回馈社会。

激励体系包括税收体系特别是财产税、遗产税和捐赠税收减免政策，以及社会道德舆论。开征遗产税和赠与税，是因为该税种只针对极少数超高收入者的遗产，采取比较高的税率，能起到财富分配调节作用。与此同时，高额遗产税、赠与税与公益捐赠的减免税优惠相组合，可以发挥税收对社会捐赠的激励作用，不仅可以让初次分配更有效率，还有利于进一步鼓励和引导各类市场主体特别是高收入群体和企业加大捐赠的力度，促进三次分配，调节财富的代际转移，为下一代创造一个更加平等的起点，防止不平等的代际转移或代际复制，为共同富裕作出更大贡献。

保障体系包括有效的信托法律制度以及一些非营利性法人特别是慈善团体承担慈善捐赠的收集、转移和分配等活动。在金融、土地、慈善信托等方面出台更加具体的优惠政策，对慈善信托的财产委托环节所得税优惠比照公益股权捐赠企业所得税的政策执行，并对慈善信托委托人与公益捐赠享受同等税收优惠。在此政策支持下，主动捐赠收入所得的，可以免除部分收入所得税等支出，这就使得一些高收入人员既能够实现自己的社会责任目标、道德伦理追求，也能够保有对自己财产的支配权。

在三次分配的潮流下，我国的保险业、信托业、慈善基金会加速发展。保险、信托、慈善基金是三次分配的主要载体，它们将企业家的个人资本转化成了社会资本，对社会起到了扶贫济困、调节财富分配的作用。其既可以保护企业家的合法财产，助力家族文化资本积累与传承，同时又具有商业向善、回馈社会的功能。从国内外的实践来看，保险金信托、家族信托与慈善基金正呈现出融合趋势。一方面，企业家可以通过设立保险金信托，将保单纳入信托结构，利用保险金信托特点为家族财富传承作出低成本、长久期的架构安排，有效规避债务、婚姻、传承风险，并对遗产税等税种预先筹划。另一方面，将保险金信托与慈善基金会／慈善信托相关联，在向后代传递丰富的物质财富的同时，赋予财富正念、善念的慈善内涵，让子孙后代传承传统公益慈善。中国的富裕家族必须要顺应潮流，善用保险、信托和慈善基金这些工具，合理保护自己的合法财产，同时也承担起更多的社会责任。

3. 坚持监管规范和促进发展两手并重

社会道德和社会信任是三次分配的根基，信息公开、规范运作、监督管理是三次分配健康繁荣的关键。充分发挥政府在慈善事业发展中的倡导、管理、规范、监督职责，进一步完善监管制度，努力推动慈善组织登记认定，严审严批非营利组织的免税资格、公益性捐赠税前扣除资格，推动慈善组织的等级评定和慈善行业的优惠政策的融合。将慈善行业纳入国家诚信体系建设，引导慈善组织完善内部治理结构，提升专业能力水平，培育良好的社会声誉，切实提升慈善组织的公信力。三次分配一定要依照法律规定，做到募捐过程自愿透明、规范高效，不断提升慈善组织的公信力。要通过完善管理，让各收入主体、中介机构、社会团体等三次分配的参与方对三次分配形成稳定的预期，让行善者受人尊敬，不能让行善者伤心或受委屈。

在促进三次分配发展中，要注重宣传引导先富阶层明辨是非、区分善恶，再富有也不能忘记自己是无数人“奉献红利”的最大受益者，作为社会主义中国的普通公民，自己与其他普通公民之间有一项不可撤销的共同富裕契约，绝不能唯利是图、为富不仁，绝不能听任财富鸿沟不断扩大，绝不能淡忘先富带后富、实现共同富裕的社会责任。

4. 倡导人人公益

中华民族历来有扶危济困的传统，公益慈善不仅仅是高收入人群的专属行为。三次分配有利于带动社会群体、组织及广大人民参与公益慈善事业的积极性。目前，中国的慈善捐款主体主要还是企业家，普通老百姓比较少，这是中国和美国一个很大的差别。与西方慈善发达国家相比，我国的善款捐赠主要来源于企业，个人参与将为慈善未来发展提供新的增长极。尤其是近几年，我国慈善的新形态——网络慈善异军突起，将信息技术进步、慈善事业发展和公众爱心善意紧密地结合在一起，使公众利用互联网和移动端参与行善更加便捷，这激发了公众参与慈善捐赠的热潮，也为慈善事业走向大众化、平民化并促进以个人捐赠为主体的三次分配创造了有利条件。据统计，2015 年至 2020 年，我国仅参与“99 公益日”捐赠的人数就从 205 万人增长到 5780 万人，筹款额从 2.27 亿元增长到 30.4 亿元。中国工会发挥工人阶级团结友爱的传统，利用完备的组织体系（覆盖 655 万家基层组织单位）和数量庞大的职工队伍（4 亿人）优势，广泛开展帮扶送温暖、职工医疗互助等互助互济活动，实现“人人为我、我为人人”，构筑职工抵御社会风险的又一道防线，就是一个很好的方式。

要大力培育中华慈善文化。慈善并不像再分配需要通过税收强制性来推动，慈善发挥的作用是柔性的。中国自古以来就不乏爱心善意，具有异常深厚的慈善道德基础。大多数捐献者对税收减免并不具有敏感性，他们的慈善饱含在民间的爱心善意、互助友爱之中。多数人可能不在乎免不免税，而是有恻隐之心才帮助他人。这说明我国的慈善道德比较纯粹，它能够让慈善离每个普通人都变得很近，让每个人感受到自己需要的时候会被帮助、别人需要的时候自己能够去帮助，并使之成为一种生活方式。倡导人人公益十分重要，虽然每个人的人均捐赠量不是很大，但是捐赠人次很多，让更多的人参与，推动人人公益，可以创造社会价值，凝聚各方人心。着力打造正向激励个人捐赠的政策体系，取消个人慈善捐赠的免税限额，将慈善领域的志愿服务纳入社会公共服务范畴并加以计量，对长期参与公益慈善事业的先进个人给予应有的精神褒奖与社会尊重，形成人人向善、人人行善的社会环境。只要慈善事业获得全面发展，三次分配的作用也会得到充分发挥。

5. 放大三次分配价值

三次分配的经济价值不如它的社会价值。我们重视三次分配既能募集善款、缓解政府财力的不足，又能够办一些社会公益的事情。它的不可替代性与更高价值在于社会价值，在于我们互助友爱的传统，在于它能够润滑社会关系、促进社会团结。在这个意义上，三次分配比初次分配、再分配更有价值。作为三次分配主要呈现方式的慈善事业，扮演的不是价值的“搬运工”，而是价值的“放大器”。慈善的实际价值远远超越了善款本身的账面价值。[①] 但是，现实社会中仍然存在一些低估三次分配的问题。

一是受助者获得的实际价值被低估了。就如弗里德曼所讲："工业的进步，机器的改进，所有新时代的伟大奇迹，对于有钱人来说，关系较少。古希腊的富翁，从现代的供水管道得不到什么好处：有跑步的仆人提水代替自来水。电视机和收音机也微不足道，罗马的贵族们能够在家里享受到最好的乐师和演员的表演，能够把最出色的艺术家留在家里。"[②] 对于富人而言，100 元钱可能可有可无，但 100 元钱对中低收入者特别是贫困者生活的改善关系极大。

二是受助者状况改善所带来的潜在价值被忽视了。受助者状况的改善将减少潜在的社会风险，将带来正向的社会收益，而这些社会收益并未被纳入慈善事业的测算体系中。

三是志愿服务和社会工作等慈善劳动的价值被忽略了。慈善活动中人的"无价劳动"应该融入慈善价值的内涵中，慈善绝非"左手进右手出"的价值传递过程，而是"一块钱进几块

① 郑功成：《以第三次分配助推共同富裕》，《中国社会科学报》，2021 年 11 月 25 日。

② 弗里德曼：《自由选择》，北京：商务印书馆，1982 年，第 151 页。

钱出”的价值增值过程。只有认识到这一点，我们才能够真正重视并发挥好慈善捐赠在推动共同富裕进程中的独特作用。

捐赠不仅限于金钱，也可以是实物，还可以是时间，比如志愿服务的时数等。要鼓励每一个社会成员热心慈善捐赠，一个人的能力有大有小，可以用于慈善捐赠的东西也会不同，但每一个社会成员都应该履行慈善捐赠的社会责任和义务，从事与其能力大致相符的慈善捐赠。积极培育慈善组织，鼓励有条件的企业、个人和社会组织举办医院、学校、养老服务等公益事业，鼓励和支持先富起来的社会成员履行社会责任，在扶贫、济困、助残、恤病、救孤、扶老等方面发挥更大的作用。加快健全从国家到乡镇街道的慈善褒奖制度，让行善者成为公众学习的榜样并享有较高的社会地位，这一点比税收优惠政策更具普遍性意义。

| 结　语 |

不可逆转的历史进程

马克思主义理论不仅把实现共同富裕理解为一个历史过程和趋势，而且指明了实现共同富裕是社会主义革命和建设的根本目的。现代国家成长是一个不可逆的历史过程。邓小平指出，共同富裕我们从改革一开始就讲，将来总有一天要成为中心课题。共同富裕是对资本逐利扩张和贫富两极分化现象的积极扬弃，代表着新旧事物矛盾演进的未来方向，有着强大生命。中央明确提出了共同富裕未来发展的目标方向，强调推进共同富裕取得实质性进展。共同富裕体现了社会主义的本质要求，实现共同富裕是一个不可逆转的历史进程。共同富裕，从历史中走来，在传承中迈向未来。理论和实践均已证明，我们追求的发展是造福人民的发展，我们追求的富裕是全体人民共同富裕，要使全体人民朝着共同富裕的方向稳步前进。

一、推动共同富裕的历史逻辑、理论逻辑与实践逻辑

推动共同富裕是历史逻辑、理论逻辑与实践逻辑的高度统一。首先要弄通推动共同富裕的历史逻辑。共同富裕是传承

千年的社会理想，是人类社会的接力探索。从国际上看，无论是莫尔《乌托邦》中的财产公有、集体劳动、集体共享，康帕内拉《太阳城》中的城邦制和共惠制，还是圣西门提出的大多数人拥有财产的平等的实业制度，傅立叶提出的全民自愿合作的和谐制度，欧文提出的生产资料公有的新村制度，都体现了公有共享的基本特征、共同富裕的思想。从中国的情况看，孔子倡导的“小康”、描绘的“大同”，就是希望建立一个富裕安康的理想社会；韩非提出的“帝王之政”就包括“使民以力得富”；管子认为“善为国者，必先富民，然后治之”，只有“民富”才能实现“易治”，而“民贫”则“难治”；东汉王符提出“为国者以富民为本”，并将其作为“明君之法”；北宋程颐等人强调“以厚民生为本”是“为政之道”。这些对理想社会的构思，虽然停留在封建社会的形态上，也不具备实现的客观条件，但是仍然是我国先哲们对美好社会的理论探索。时至今日，中华民族已历史性地告别绝对贫困，第一个百年奋斗目标业已实现。一个有 14 亿多人口的大国，能够在较长时期保持经济快速发展，并朝着全体人民共同富裕的方向不断前行，这在人类社会发展演进中堪称奇迹，也标注了中华民族为全世界探索共同富裕之路的历史新起点。

弄通推动共同富裕的理论逻辑。共同富裕是科学社会主义的本质属性。马克思、恩格斯指出，在社会主义制度的保证下，才有可能实现共同富裕，因为只有实现了生产资料的公有制，才能从根本上解决劳动和劳动产品的异化问题，才能从根本上消除由于私有制带来的两极分化问题，才能从根本上把社会生产的全部最终产品让全社会共同拥有。恩格斯强调："我们的目的是要建立社会主义制度，为了给所有的人提供充裕的物质生活和闲暇时间，给所有的人提供真正的、充分的自由。"而这一切，都需要在社会主义公有制的基础上得以实现。列宁认为："新的、更好的社会里不应该有穷有富，大家都应该做工，共同劳动的成果不应该为一小撮富人享受，应该归全体劳动者享受。""只有社会主义才能广泛推行和真正支配根据科学原则进行产品的社会生产和分配，以便让所有劳动者过最美好、最幸福的生活。只有社会主义才能实现这一点。而且我们知道，社会主义一定会实现这一点，而马克思主义的全部困难和它的全部力量也就在于了解这个真理。"资本主义生产方式自诞生以来，产生过非常积极的历史作用，但生产力的发展并没有带来社会普遍富裕；相反，其越来越加深劳动阶层的贫困程度。当下，一些西方发达国家出现的社会撕裂，占领华尔街运动，新冠肺炎疫情下普通社群的窘迫境遇就是例证。

共同富裕是社会主义最本质的东西。搞社会主义，就是要让广大人民群众摆脱在旧社会制度下遭受剥削、压迫与穷困的处境，过上美好幸福、人人平等、日益富裕的生活。全体人民共同富裕，是中国式现代化的一个基本特征，丰富了人类现代化的内涵，为解决人类问题贡献了中国智慧和中国方案。富裕是各国现代化追求的目标，但中国式现代化追求的是共同富裕。习近平总书记指出："中国人民的成功实践昭示世人，通向现代化的道路不止一条，只要找准正确方向、驰而不息，条条大路通罗马。"

弄通推动共同富裕的实践逻辑。共同富裕是马克思主义的一个基本目标，是中华民族千百年来的美好梦想，是我们百年大党接续奋斗的根本动力和重大历史使命，是人类文明发展史上新的壮举。实现共同富裕不仅是经济问题，而且是关系党的执政基础的重大政治问题，具有划时代的意义。衡量一个社会进步与否，不是看培养了多少富人，而是看帮助了多少穷人。实现共同富裕是一个社会文明进步的标志。

我们党第一个百年目标顺利实现，全面建成小康社会的目标成为现实，党要积极回应人们的共同期盼，要有更高的目标，那就是共同富裕。经过百年的风雨洗礼，中国共产党已锻造成为有坚定的政治信仰、稳定的政治核心、成熟的目标导向、智慧的发展策略、卓越的领导能力的政党，标志着我们这样一个百年大党理论、思想、组织、机制等方面已全面成熟。中国特色社会主义制度更加成熟、更加定型，使我们有更加清晰的遵循和依靠。党的十九届六中全会作出了第三个历史决议，强调指出，党确立习近平同志党中央的核心、全党的核心地位，确立习近平新时代中国特色社会主义思想的指导地位，反映了全党、全军、全国各族人民共同心愿，对新时代党和国家事业发展、对推进中华民族伟大复兴历史进程具有决定性意义。“两个确立”为全面建设现代化强国和阔步走向共同富裕提供了强有力的保障。推动实现共同富裕也是一个重大而紧迫的现实之需。伴随着经济的突飞猛进，人民群众的需求呈现多样化、多层次的特点，对生活质量的要求也日益提高，我国发展的不平衡不充分问题仍然突出，社会阶层出现一定程度的固化。人们的不满与批评指向的并不是正常的收入差距，而是贡献与收入脱节、低贡献高收入、依靠压低职工工资收入进行剥削致富、靠投机钻营致富，甚至通过损害国家和人民利益来致富，使全社会为此付出高昂成本。新冠肺炎疫情后全球经济 K 型增长，过度依赖货币放水，穷人通缩、富人通胀，收入差距和贫富差距问题引起全球重视。当代西方社群主义（共同体主义）最著名的理论代表人物、哈佛大学教授迈克尔·桑德尔指出："随着不平等的逐步加深，富人脱离于公共场所和公共服务，而将这些留给那些消费不起其他事物的人们。当学校、公园、操场以及社区中心这样的公共机构，不再是来自社会不同阶层邂逅的场所，那些聚集公众并充当公民美德教育的场所变得越来越少，人们相互之间的距离也就越来越远。公共领域的虚空，使得我们很难培养团结和共同体感，而这些正是良善社会赖以生存的根基。"[①] 我国的贫富差距一度逼近"社会容忍线"，大量社会不稳定因素由此产生。要以此为鉴，切实把"人的发展"放在第一位，通过推动共同富裕促进当前不平衡不充分问题的解决，弥合社会分裂，确保我国经济社会更好更快地向前发展。

二、锚定实现共同富裕的发展目标与重点人群

中央对共同富裕的发展目标十分明确，到"十四五"末，全体人民共同富裕迈出坚实步伐，居民收入和实际消费水平差

① 迈克尔·桑德尔：《公正》，北京：中信出版社，2012 年，第 297 页。

距逐步缩小；到 2035 年，全体人民共同富裕取得更为明显的实质性进展，基本公共服务实现均等化；到 21 世纪中叶，全体人民共同富裕基本实现。

2035 年共同富裕取得明显的实质性进展，可以这样来理解：全社会首先要达到总体富裕的程度。根据目前国际上富裕国家的标准和我国的实际，到 2035 年我国人均 GDP 要比现在翻一番，即达到人均 2 万美元左右，意味着 GDP 规模至少要从现在的 101.6 万亿元，翻一番达到 200 多万亿元，所以国民经济还应该保持较高速度的长期增长。

共同富裕是一个持续几十年的历史进程，它一定是渐进的。“十四五”期间，首先要缩小居民收入的差距。基尼系数 0.4 是警戒线，福利国家一般在 0.3 左右，我国目前一直停留在 0.46—0.47，且还在高位徘徊。2035 年要缩小到 0.35 至 0.4，到 21 世纪中叶基本实现共同富裕之时要缩小到 0.3 左右，力争到 0.3 以内，平均一年要缩小 0.05，这是我们走向共同富裕的一个基础性的工作。与之相伴，中央提出的核心标准，是要实现基本公共服务的均等化，包括教育、养老服务、儿童福利、社会保障等。均等化意味着城乡之间、区域之间、本地人与外地流动人口之间的公共服务要逐年缩小，到 2035 年要基本实现均等化。

实现共同富裕，我们还有一个十分重要的目标：全社会收入结构应该是“两头小、中间大”的橄榄形结构。为此，首先要“扩中”，即扩大中等收入群体的规模，这是我们实现共同富裕的重点人群。习近平总书记在2016年亚太经合组织工商领导人峰会发表主旨演讲时强调：“我们将完善再分配调节机制，在做大蛋糕的同时分好蛋糕，扩大中等收入群体。”

根据国际上常用的划分标准，2018年全国中等收入群体的比重大约为30%，总人口大约为4亿人，而且中等收入群体分布存在着严重的城乡不平衡问题。目前中国居住在城镇的人口总数达9亿人左右，城镇中等收入群体为3.5亿人，占比约39%，农村中等收入群体为0.5亿人，占居住在农村人口总数5.1亿人的比重不到10%，而低收入人群占90%以上。目前，我国中等收入群体收入增速落后于高低收入群体，逐渐成为“夹心饼干”，提高中等收入群体的收入是实现共同富裕的关键所在。应优先实现中等收入群体倍增计划，假定我国人口总数14亿人大体不变，中等收入人口占比至少应达到60%，也就是中等收入人群从现在的4亿人要增加到8亿人。

在推动共同富裕的过程中，初次分配领域的改革是“慢火”，需要通过不断完善市场机制使得超额利润向平均利润转化，需要通过教育和人力资本投资来提高劳动报酬占比，需要建立更加充分的要素流通机制来提高全要素的生产率。因此，在中短期内很难在初次分配领域提高均等化程度。如果通过户籍制度的改革，通过农民工群体技能的提升，通过就业促进政策，使他们的就业能够稳定下来，实际上他们将成为中等收入群体的重要来源。

2020 年全国农民工总量 2.85 亿人。要加快推动农民工进城落户，将脱贫攻坚政策体系和工作机制与乡村振兴有效衔接、平稳过渡，创造性地使农民共同富裕与乡村振兴同步发展。预计到 2035 年，沿海地区的城镇可以落户 1 亿名农民工，内陆城市也可以落户 1 亿名农民工。这 2 亿多名农民工通过享受城镇的均等化公共服务，有针对性地对他们加强技能培训，经过 10—15 年的时间，就有可能成为城市的中等收入人群。城市中的新就业形态劳动者以及其他灵活就业人员，通过劳动保障权益的提高和相关配套措施的深化改革，能使中等收入人群会再增加 1 亿人左右。留在农村的农民，随着国家公共服务均等化特别是纳入全国城乡居民同等待遇的社保体系后，农民通过将承包地和宅基地置换的方式，财产性收入会不断增加，其中也将会有 1 亿人步入中等收入人群行列。到 2035 年左右，中国就会有 8 亿人成为中等收入人群。同时，通过运用脱贫攻坚经验，积极“提低”，随着全国城乡公共服务的均等化，低收入人群从 6 亿人减为 3 亿人也将成为现实。

在“限高”方面，要合理调节过高收入。对过高收入要进行分类处理，有的收入必须进行调节，有的收入则要进行鼓励。有三类收入必须进行调节，第一种是违法收入，包括偷税漏税在内；第二种是违规收入，比如有些企业不给职工缴纳社保，特别是一些外卖平台不给快递人员上社保，而把这部分钱变成了股东的收入；第三种是不合理收入，比如有些企业老板不领工资、不分红，把个人的房产、车子以及吃穿用度等消费支出全部计入公司名下以获得个人隐性收入等。对于合法、合规、合理的高收入，不能笼统地进行调节，而是要看这些收入的去向。比如将赚到的钱投资到解决“卡脖子”问题的科研项目上、投资到能够增加就业的项目上，是对国计民生大有好处的，这样的投资不仅不能调节还要积极鼓励。但是对于到海外购买酒庄、高尔夫球场、酒店、足球俱乐部等投资行为，就要加以限制和合理引导。总之，通过上述“扩中、提低、限高”措施，整个人口的收入结构将会变为 3∶8∶3 的橄榄形结构。

三、充分发挥各个主体在共同富裕中的作用

中国共产党是中国特色社会主义事业的领导核心，处在总揽全局、协调各方的地位。党的全面领导是实现共同富裕的根本保障。中国共产党始终代表最广大人民根本利益，没有任何特殊的利益，从来不代表任何利益集团、任何权势团体、任何特权阶层的利益。坚持党的全面领导，有利于既谋划长远，又干在当下，一张蓝图绘到底，一茬接着一茬干，保持战略定力，稳中求进接续奋斗。在共同富裕道路上，只有坚持党的全面领导，对涉及经济社会发展的相关重大问题和工作部署进行顶层设计、总体布局、统筹协调、整体推进，全国人民一条心、集中力量办大事，汇聚实现共同富裕的磅礴力量。实现共同富裕，涉及不同地区、不同人群的利益调整问题，不可避免地会遇到局部利益与全局利益的冲突。在这个过程中，只有依靠加强党的全面领导，统筹好市场、政府和社会的不同主体作用，才能理顺分配机制和各种利益关系，防止局部利益相互掣肘、相互抵消，阻碍共同富裕进程。

在党的领导下，着力做好共同富裕的基础性制度构建。不断完善基本经济制度，坚持以公有制为主体、多种所有制经济

共同发展，积极探索公有制的多种实现形式；不断完善分配制度，坚持以按劳分配为主体、多种分配方式并存，合理调节城乡、区域和不同群体间的分配关系；不断完善社会主义市场经济体制，“通往自由市场之路的打开和保持畅通，有赖于持续的、由中央组织调控的干预主义的巨大增长”①，促进市场有序运行、防止垄断，大力推动有效市场与有为政府的更好结合，确保各要素平等参与收入分配。

对于政府来讲，要大力推动基本公共服务均等化，给更多人创造致富的机会，畅通社会流动的通道。提高全体国民受教育程度，加大人力资本投资，增强人民的创富能力和本领。在初次分配中，现代市场经济条件下的企业工资分配虽然是以市场工资调节机制为基础，但是政府对企业工资分配的规范、引导、调解和服务逐步发挥出重要的作用。要加强和推动相应的法律法规建设，实现不同生产要素按贡献参与分配，确保劳动所得受到法律保护，确保低收入人群的收入支付得到有效保障。在再分配中，政府要发挥主导作用，充分利用税收、社保、转移支付等调节工具确保分配公平，有效调节财富分布不均带来

① 卡尔·波兰尼：《大转型》，杭州：浙江人民出版社，2007年。

的收入分配不公平，有力提供均等化的社会保障，加大对城乡低收入人群的转移支付和保障，构筑社会安全网。在三次分配中，政府要制定出台遗产税、赠与税等税种，采取所得税优惠税率和减免等政策，促进慈善捐赠事业的发展，加强慈善的监管服务，推动慈善组织公信力提升。通过区域重大战略和区域协调战略解决区域差距问题，通过巩固拓展脱贫攻坚成果、全面推进乡村振兴、加强农村基础设施和公共服务体系建设弥合城乡差距，通过依法保护合法收入特别是根治企业欠薪、合理调节过高收入、清理规范不合理收入、坚决取缔非法收入，实现个体收入分配再平衡，不断推进共同富裕目标的实现。

同时，也要注重发挥市场以及工会、企业和其他社会组织的作用，合力推动共同富裕。初次分配要发挥市场机制的主导作用，工会要强化没有共享机制就不可能有共同富裕的理念，通过集体协商机制这一市场经济国家的基本手段，积极参与企业工资收入分配，与企业方共同协商决定职工工资，推动建立工资正常增长机制、决定机制和支付保障机制。同时，加强对职工的技能培训，通过技能提升获取更高的收入。在再分配中，企业和社会组织可以参与企业年金、补充医疗保险等补充性的社保制度建设，工会通过参与养老、医疗、失业、工伤、生育等社会保险法律法规政策的制定，从源头上保障职工社保权益。在三次分配中，政府要退居幕后，不能搞道德绑架式“逼捐”，坚持走群众路线，运动式做法将会伤害社会成员的道德自觉。社会慈善组织、志愿服务组织等要发挥主体作用，依靠社会道德推动企业和个人资源的慈善捐赠。工会要发挥组织健全、联系职工群众多的优势，发扬中国工人阶级团结友爱的光荣传统，开展多种形式的互助互济活动，包括职工医疗互助保障活动，利用大数法则，分散职工群众的医疗风险，构筑职工抵御社会风险的又一道防线。面向广大困难职工广泛深入开展帮扶送温暖活动，把党和政府的关怀与温暖送到千家万户。此外，工会还要在全社会大力弘扬劳模精神、劳动精神、工匠精神，大力倡导奋斗是共同富裕最经典的方式，大力引导职工崇尚劳动、勤劳致富，团结引领广大职工以劳动托起共同富裕之梦，用工人阶级的模范行为影响和带动全社会。

推动共同富裕，既是一项开创历史的圆梦工程，也是一场久久为功的实践探索。道虽远，行则将至。中国共产党领导开创的中国特色社会主义道路，具有无可比拟的制度优势，可以创造出更高的社会生产力，体现更加广泛的社会公平正义，更好地促进人的全面发展和全体人民共同富裕。

参考文献

1.《马克思恩格斯全集》（第1卷），北京：人民出版社，1956年。

2.《马克思恩格斯全集》（第16、18卷），北京：人民出版社，1964年。

3.《马克思恩格斯全集》（第23卷），北京：人民出版社，1972年。

4.《马克思恩格斯全集》（第42卷），北京：人民出版社，1979年。

5.《马克思恩格斯文集》（第1、4、5、9、10卷），北京：人民出版社，2009年。

6. 马克思、恩格斯：《共产党宣言》，北京：人民出版社，1997年。

7. 马克思：《资本论》（第1卷），北京：人民出版社，2004年。

8. 马克思：《1844年经济学哲学手稿》，北京：人民出版社，2000年。

9. 恩格斯：《自然辩证法》，北京：人民出版社，2015年。

10. 亚当·斯密：《国民财富的性质和原因的研究》，北京：商务印书馆，1974年。

11. 弗里德曼：《自由选择》，北京：商务印书馆，1982年。

12. 亚当·斯密：《国富论》，西安：陕西人民出版社，2001年。

13. 卡尔·波兰尼：《大转型》，

杭州：浙江人民出版社，2007 年。

14. 迈克尔·桑德尔：《公正》，朱慧玲译，北京：中信出版社，2012 年。

15. 马斯·皮凯蒂：《21 世纪资本论》，北京：中信出版社，2014 年。

16. 托马斯·莫尔：《乌托邦》，西安：西北大学出版社，2016 年。

17.《孙中山选集》，北京：人民出版社，1986 年。

18.《李大钊文集》（第 4 卷），北京：人民出版社，1999 年。

19.《毛泽东选集》（第 3 卷），北京：人民出版社，1991 年。

20.《毛泽东文集》（第 2 卷），北京：人民出版社，1993 年。

21.《毛泽东文集》（第 6 卷），北京：人民出版社，1999 年。

22.《建国以来毛泽东文稿》（第 7 册），北京：中央文献出版社，1992 年。

23.《中共中央文件选集（1949 年 10 月—1966 年 5 月）》（第 14 册），北京：人民出版社，2013 年。

24.《邓小平文选》（第 3 卷），北京：人民出版社，1993 年。

25.《邓小平文选》（第 1—2 卷），北京：人民出版社，1994 年。

26.《邓小平关于建设有中国特色社会主义的论述专题摘编》，北京：中央文献出版社，1992 年。

27.《十三大以来重要文献选编（上）》，北京：人民出版社，1991 年。

28.《十四大以来重要文献选编（上）》，北京：人民出版社，1996 年。

29. 习近平：《决胜全面建成小康社会　夺取新时代中国特色社会主义伟大胜利——在中国共产党第十九次全国代表大会上的报告》，北京：人民出版社，2017 年。

30.《习近平谈治国理政》（第 2

卷），北京：外文出版社，2017 年。

31. 习近平：《在纪念马克思诞辰 200 周年大会上的讲话》，北京：人民出版社，2018 年。

32.《习近平谈治国理政》（第 1 卷），北京：外文出版社，2018 年。

33.《习近平谈治国理政》（第 3 卷），北京：外文出版社，2020 年。

34. 习近平：《在决战决胜脱贫攻坚座谈会上的讲话》，北京：人民出版社，2020 年。

35. 习近平：《在企业家座谈会上的讲话》，北京：人民出版社，2020 年。

36. 习近平：《摆脱贫困》，福州：福建人民出版社，1992 年。

37. 习近平：《扎实推动共同富裕》，《求是》，2021 年第 20 期。

38.《庆祝中国共产党成立 100 周年大会在天安门广场隆重举行》，新华社，2021 年 7 月 1 日。

39.《习近平主持中央政治局第二十七次集体学习》，新华社，2021 年 1 月 29 日。

40.《十八大以来重要文献选编（上）》，北京：中央文献出版社，2016 年。

41.《十八大以来重要文献选编》（中），北京：中央文献出版社，2016 年。

42.《中国共产党第十九次全国代表大会文件汇编》，北京：人民出版社，2017 年。

43.《〈中共中央关于制定国民经济和社会发展第十四个五年规划和二〇三五年远景目标的建议〉辅导读本》，北京：人民出版社，2020 年。

44. 中共中央宣传部：《习近平新时代中国特色社会主义思想学习纲要》，北京：学习出版社、人民出版社，2019 年。

45. 余源培：《马克思主义哲学经典文本导读》，北京：高等教育出版社，2005 年。

46. 杨胜群、陈晋编：《中共党史重大事件述实（增补本）》，北京：人民出版社，2008 年。

47. 涂晓今编：《新编政治经济学》，北京：人民出版社，2009 年。

48. 陈宝森：《美国经济与政府政策》，北京：社会科学文献出版社，2014 年。

49. 杨威：《共同富裕理论》，长春：吉林出版集团股份有限公司，2014 年。

50. 安然：《政府、市场与中产阶级》，北京：北京师范大学出版集团，2016 年。

51. 贾东岚：《国外工资收入分配政策》，北京：社会科学文献出版社，2018 年。

52. 陈宗胜等：《中国居民收入分配通论：由贫穷迈向共同富裕的中国道路与经验》，上海：格致出版社、上海人民出版社，2018 年。

53. 沙烨：《跨越财富鸿沟：通往共同富裕之路》，北京：当代世界出版社，2021 年。

54. 中共浙江省委党校编：《共同富裕看浙江》，杭州：浙江人民出版社，2021 年。

55. 陶志勇：《新时代劳动观》，北京：中国工人出版社，2021 年。

56. 郑功成编：《中国医疗保障发展报告（2021）：走向全面深化的医疗保障改革》，北京：社会科学文献出版社，2021 年。

57. 厉以宁：《论共同富裕的经济发展道路》，《北京大学学报（哲学社会科学版）》，1991 年第 5 期。

58. 郑功成：《就业、收入分配与社会保障——从慈悲到正义之路》，《社会保障制度》，2002 年第 8 期。

59.《在实现“两个一百年”奋斗目标和中国梦中作出工人阶级新贡献——第八次全国职工队伍状况

调查总报告》，《中国工运》2018 年第 1 期。

60. 赵中乐：《马克思“异化劳动”理论的当代启示》，《理论观察》，2020 年第 7 期。

61. 赖祐萱：《外卖骑手，困在系统里》，《人物》，2020 年第 8 期。

62. 青连斌：《如何实现人口众多条件下的共同富裕》，《中国党政干部论坛》，2021 年第 12 期。

63. 郑功成：《中国共产党百年历程与中国民生发展的不断飞跃》，《人民论坛 · 学术前沿》，2021 年 10 月。

64.《2020 年农民工监测调查报告》，《中国信息报》，2021 年 5 月 7 日。

65.《李玲：共同富裕需要制度创新 用更少的费用打造更优的医保体系》，《第一财经》，2021 年 10 月 21 日。

66. 郑功成：《以第三次分配助推共同富裕》，《中国社会科学报》，2021 年 11 月 25 日。

67. 郑功成：《实现共同富裕，如何做大蛋糕、分好蛋糕？》，《第一财经》，2021 年 12 月 9 日。

68. 郑功成：《三次分配“中西医结合”协同发力》，《第一财经》，2021 年 12 月 24 日。

69.《对话赵忠：共同富裕应推动基本公共服务均等化，畅通向上流动渠道》，《21 世纪经济报道》，2022 年 1 月 4 日。

后　记

共同富裕是当今的社会热词。坦率地讲，我并不是一个爱凑热闹的人，早就想写一本有关共同富裕的书。共同富裕这一话题涉及劳动就业、收入分配、社会保障等我较为熟悉的内容，也与经济学、财政学、社会学等学科领域紧密相关，这些内容和领域，是我的研究兴趣和爱好所在。20 多年来，我一直从事劳动保障方面的调查研究、理论探索及工作实践，同时，工作对象也是最普通、最庞大的直接创造社会财富的基层一线劳动者。我也希望通过研究探索这一问题，助推共同富裕的阳光早日照亮这一大众群体前行的路。拙作算是我对共同富裕热词背后的一个冷思考吧。

2021 年以来，中央对于推进共同富裕明显提速，明确提出要有实质性的进展。2021 年 3 月，“全体人民共同富裕迈出坚实步伐”被列入《中华人民共和国国民经济和社会发展第十四个五年规划和2035年远景目标纲要》。2021年5月，《中共中央 国务院关于支持浙江高质量发展建设共同富裕示范区的意见》正式出台，选取浙江省先行先试，为全国其他地方促进共同富裕探索路径、积累经验、提供示范。2021年7月1日，在庆祝中国共产党成立100周年大会上，习近平总书记强调，新的征程上，推动人的全面发展、全体人民共同富裕取得更为明显的实质性进展！ 2021年8月17日，习近平总书记主持召开中央财经委员会第十次会议，专题研究扎实促进共同富裕问题，强调我国现在已经到了扎实推动共同富裕的历史阶段，必须把促进全体人民共同富裕作为为人民谋幸福的着力点，并提出要抓紧制定促进共同富裕行动纲要，构建初次分配、再分配、三次分配协调配套的基础性制度安排。2021年11月11日，党的十九届六中全会审议通过《中共中央关于党的百年奋斗重大成就和历史经验的决议》，其中多次提到共同富裕，强调坚持发展为了人民、发展依靠人民、发展成果由人民共享，坚定不移走全体人民共同富裕道路。决议中特别对习近平新时代中国特色社会主义思想的核心内容作了进一步的概括，把“推动人的全面发展、全体人民共同富裕取得更为明显的实质性进展”充实到了习近平新时代中国特色社会主义思想的核心内容之中。2021 年 12 月 8 日至 10 日，中央经济工作会议明确提出，进入新发展阶段，我国发展内外环境发生深刻变化，面临许多新的重大理论和实践问题，需要正确认识和把握五个方面的问题，其中第一个就是要“正确认识和把握实现共同富裕的战略目标和实践途径”，强调在我国社会主义制度下，既要不断解放和发展社会生产力，不断创造和积累社会财富，又要防止两极分化。实现共同富裕目标，首先要通过全国人民共同奋斗把“蛋糕”做大做好，然后通过合理的制度安排把“蛋糕”切好分好。这是一个长期的历史过程，要稳步朝着这个目标迈进。这一系列动作表明，共同富裕在第二个百年目标任务中将占有显著的位置。作为工会与劳动社会保障领域相关理论政策的研究者，我不能置身事外。而是从理论层面深度挖掘共同富裕，从实践操作层面提出自己的思考和政策建议，促进形成有关共同富裕的广泛社会共识，凝聚推进共同富裕的磅礴力量，推动早日实现共同富裕，以造福包括广大职工在内的人民群众。

在本书中，我力求澄清一些模糊甚至错误的认识。特别是那种认为“共同富裕与我无关”“共同富裕离我很远”的悲观失望观点，还有那种认为“坐等”“躺平”就可以实现共同富裕的消极等待观点。我的研究方法和叙事方式力求融专业深度和通俗表达于一体，用大白话讲大道理。从广大劳动者作为财富的直接创造者也理应是共同享受者的视角，厘清共同富裕逻辑的枝枝蔓蔓，探求推进共同富裕的中国路径。

成书过程中，全总网络工作部部长王娇萍，我的同事李羿、夏邑同志给我提供了大量文献资料，他们也是本书的第一读者，提出了许多宝贵的意见和建议。夏邑同志还对全书的重要参考文献、注释进行了查补和校订。还有我的妻子和女儿，在我写作本书过程中，帮我分担了那“永远干不完的家务活”，并就书中有关内容与我进行交流，给了我不少灵感和启发，进一步坚定了我专业而通俗的写作风格，在此谨致谢忱。

本书的题材是一个全民话题，上至国家，下至普通老百姓都广泛关注，每一个人都能谈出一二三来，想要达到独到的见解、晓畅的逻辑、较强的可读性，殊为不易。尽管我作了大量的专业准备和努力，但毕竟力有不逮，不当之处恳请方家指正。

陶志勇

2022 年 1 月 17 日于北京天怡福园